庭園日本一　足立美術館をつくった男

Adachi Zenko
足立全康

日本経済新聞出版

口絵写真
枯山水庭（1頁）
亀鶴の滝冬景色（2～3頁）
春の池庭（4頁）

目次

挿画　足立全康
装幀　間村俊一

庭園日本一　足立美術館をつくった男

「足立全康自叙伝」刊行に寄せて

吉本忠則

合縁奇縁、人の縁とは不思議なものだ。

足立全康《ぜんこう》会長の一代記を出したいので協力してほしいと、美術館から声をかけていただいたとき、私はその任の重さから、会長に近い年配の方にお願いしたほうがいいのでは、と丁重にお断りさせていただいた記憶がある。

団塊世代の私にとって、いくら口述筆記とはいえ、全康翁が生き抜いた明治・大正・昭和時代の世相・息吹を伝え、その足跡を忠実に再現するのは、容易ならざるというよりも、ほとんど無謀なことに思えた。

こうした経緯がありながら、若輩者の私が二年近くにわたって全康翁と膝を接し、波瀾に富んだ生涯を追体験することになったのは、人を惹きつけてやまない語り口に、私自身がすっかり虜《とりこ》になったからである。

初対面の私に向かって、全康翁は開口一番、あの人なつこい笑顔で、

「先生とわたしは浅からぬ縁があるんですわ。じつはわたしも〝よしもと〟と言いますねん」

「はっ？」

「いや、うそやないんです。ほれ」

七十数年前の尋常小学校時代の擦り切れた通信簿を見て、私は笑った。名前の欄に〝足立義元〟とあった。全康というのは後年、姓名判断によって改名したとのことだった。

最初の出会いがこの調子だから、あとは推して知るべし。

ユーモアあふれる全康節に聞き惚れ、メモを取るのも忘れることがしばしばだった。さいわい、テープレコーダーはまわしっぱなしなので、聞き損じることはなかったが、矢継ぎ早に展開されていく全康劇場はまさに笑いあり、涙ありの一大スペクタクルだった。

貧しかった小作農家の幼少年時代を経て、地元と大阪を行き来しながら商売に明け暮れた日々、大阪に根城を構え繊維業や不動産業に励んだ時代、そして世界に誇れる美術館づくりに賭けた後

半生……と、一人の人間がよくぞここまで体験できたものと、一途でひたむきな生きざまに私は圧倒された。

足立美術館は現在、情趣あふれる五万坪の日本庭園、横山大観コレクションを中心とする近代日本画、現代日本画、北大路魯山人、武井武雄・林義雄らの童画などを有する、世界でも類例を見ない展示空間を誇っている。

これらはすべて全康翁が自分の目で、自分の足で確認し、厳選していった、いわば美の集大成である。とりわけ、横山大観の作品と日本庭園に対する思い入れは強く、一号館の前に広がる白砂青松庭は、大観の名作『白沙青松』をイメージして作庭された。「庭園もまた一幅の絵画」と信じて疑わなかった翁は晩年、庭づくりに全情熱を注ぎ込んだ。

そうした翁の遺志を顕彰するかのように、平成十五年、アメリカの日本庭園専門誌『ジャーナル・オブ・ジャパニーズ・ガーデニング』が日本庭園ランキングを発表、足立美術館の庭園を日本一に選出した。審査員の何人かは「細部にまで維持管理がされた造園の大傑作」と最大級の賛辞を惜しまなかった。ちなみに二位はあの桂離宮だった。

今回、日本経済新聞出版社から装いも新たに、足立全康翁の自叙伝が出版されることになり、その本にかかわった当事者の一人として、感慨もひとしおのものがある。

全康流にいえば、これも浅からぬ縁の導きということになるのかもしれないが、本書が一人でも多くの方に読まれ、足立全康翁および足立美術館とを結ぶ架け橋となれば、これほどうれしいことはない。

（足立美術館理事）

本書の初版は『九十坂越えてますます夢ロマン』という書名で、一九八九年（平成元年）四月十日に足立美術館から出版されました。本文中にかかわるすべての記述は平成元年の日付に基づいています。

全康の前口上

出雲の国は島根県能義郡飯梨村、いまの安来市郊外の小作農家の長男に私は生まれた。どじょうすくいで有名な、あの安来節の里である。

生まれ落ちたのは、明治三十二年二月八日。干支でいうと己亥《きがい》、つまりイノシシ年の産である。干支占いによれば、この年に生まれた男はガムシャラに前へ前へと突進する、攻め気質の人間が多いらしい。猪突猛進という言葉もあるくらいだから、なるほど理にはかなっていそうだ。

いま、九十歳という声を聞くにつけ、自分もまたそのようなイノシシ武者のひとりだろうかと、これまでの道のりをふと振り返ることがある。

頭の悪かった私は、村の小さな尋常小学校を卒業すると、すぐに家の野良仕事を手伝うようになった。当時の小作農家ではどこも、老人であろうと女子供であろうと、家族全員手分けして働くのが当り前だった。そうしなければ年貢米はおろか、生活の糧を得ることさえむずかしかった。地主に土地の改良やら田区の改正を迫る、いわゆる小作争議をかかえた小作人にとっては厳しい時代であった。

私は朝から夜中まで身を粉にして働いた。小学校を出たばかりの子供にクワやスキ、蓑は身の丈にあまったが、おとなたちから「働き者だ」「若いのに感心だ」とほめられるのが何より嬉しくて、それを励みにしていっそう額に汗した。

だが、田んぼだけではとても食べていけないので、農閑期には日銭をかせぐために木炭を積み、酷寒の雪道を大八車を引いて歩いたりした。明治も末年から大正初めにかけてのころの話である。以来、私がこれまでに手がけた職種は、両手両足の指を合わせたくらいではとても追いつきそうにない。

車引き、炭の小売り、貝の卸し、露天商、米の仲買い、よろず屋、タドン屋、繊維の卸商、刀剣製造、自動車販売、幼稚園経営、不動産業……と、思いつくままに挙げてもざっとこんな調子である。通算すると優に三十は超えていると思う。右も左も分からぬままに、郷里と大阪を舞台にして、次から次とよくもやってきたものだと自分でも呆れるくらいだ。

私はいまでもそれらひとつひとつの生活を、何かのはずみに懐かしく、時に苦々しく思い出すことがある。どの職業も、忘れがたい苦楽に彩られているからだ。七、八十年も前の出来事をいまだに覚えているというのも、あるいはそれだけ真剣に生きてきた証と言えるかもしれない。

子供時代の私はとにかく頭の出来がうんと悪い劣等生、言うところの落ちこぼれだった。成績は二番、もちろんビリから数えて、である。

現在の、この厚かましそうな風貌からはちょっと想像しにくいかも知れないが、当時の私は内気でおとなしく、女の子からもバカにされるような意気地なしだった。学校へ行くのがイヤでイヤで、行け、行かぬで毎朝、親をどれほど難儀させたことか。卒業からして、

「成績はどんなに悪くても、これだけ真面目でおとなしい児童を落第させるのはかわいそうだ」

という先生がたの慈悲と温情によって、やっと証書をもらう有様であった。

そうした劣等意識と屈辱感はずっと頭にこびりついて離れなかった。きょうだいはみんな出来がいいのにどうして自分だけがこうなのか、とふさぎ込んだこともあった。さては母親が浮気でもしたかと、冗談まじりにあらぬ疑いを抱いたりもした。が、いくらクヨクヨしたって今更頭が良くなるわけでもない。そのことにある時ふと気が付いてからは、逆にそれを発奮剤として、それこそ労苦をいとわず、骨身も惜しまないであらゆる事にぶつかっていくようになった。〈努力〉と〈辛抱〉を自分のモットーとしたのである。

著者

二十歳のとき、私は松江の歩兵第六十三連隊に入隊し、二年間の兵役生活を送ったが、今にして思えばここで人生を生き抜くための自信とノウハウが養われたようだ。

私の村ではこれまで上等兵になった者がいないので、何とか上等兵になりたい一心で、各班長の靴磨きやふんどし洗い、水汲みなどを率先してこなし、上官のご機嫌をとった。信長に取り入った秀吉の故事を地でいったわけである。その結果、私は待望の上等兵に昇進し、胸を張って村に凱旋、帰郷した。このときの体験から、

『人間、命を賭けて物事に取り組めば必ず実現できる』

という不動の信念をもつに至った。「なせばなる、なさねばならぬ、何事も。ならぬはひとの、なさぬなりけり」という名言を吐いたのはどこの誰だったか。

頭が悪くてカネもない。捨てるものは何ひとつないのだから、考えてみれば身軽なものだ。怖いもの知らずとはこういうことを言うのだろう。これだと決めたら、あとは行動に移すのみだった。不言実行という言葉があるが、私の場合は有言実行というやつで、しゃべったことは必ず実行する。そうした一途で楽天的なところはおそらくいまも変わっていない。思い込んだら命がけ、というそれこそ灘の生一本である。

さいわい、私は働くことが好きで健康にも恵まれ、しかも身体を動かすほどにカネが入る報酬の喜びを知ったので、なおのこと脇目も振らないで働いた。何とかの一つ覚えとはよく言ったものだ。カネ、カネ、カネ。その当時は金儲けがすべてのように考えていた。寝床の中で、次は何をして儲けようか、とあれこれ物色しながら寝入るのが何よりの楽しみだった。それにあわせて、人間関係を第一とする商売の極意もだんだんとわかり始めてきた。

まず、自分を信用してもらうこと。そして絶対に人を裏切らないこと。一度きちんと儲けさせ

れば、次からは喜んで貸してもらえる……。

私の専売特許のひとつにもなっている「借金上手」も、すべて無資産がもたらした生活の知恵というやつであった。まさに「信用は無限の財産」である。

思うに、生まれながらに頭が悪いという自覚が、いい意味での開き直りを与え、自分という人間を形成する上での大きなバネとなった。どんな逆境にあっても、たいてい一年もたたないうちに難局を切り抜ける私の姿をみて、世間の人々は「逆境に強い」とか「不死身だ」と驚きの声を上げた。不屈のエネルギー源が頭の悪さにあると知ると、みんなはどんな顔をするだろうか。作り話のようだが、これは事実である。持たぬものの強み、とはよく言ったものだ。初心を忘れぬために、当時の成績表を私はいつも懐中にしまっている。

「ワシの人生は、絵と女と庭や」

自分の人生を要約して、私は折りあるごとにこう言い続けてきた。すべて美しさに通じるという意味で、多少語呂合わせの気分がないでもないが、夢とロマンを持ち続けていたいという私なりの人生観に、この三つほどピッタリするものはない。なんでもペケの私だが、これらだけはどうにか人並みだと信じている。そこで自ら付けた戒名が、

〈美術院高色庭園居士〉

「美術品のコレクターで、無類の女好き。庭園づくりでも誰にも負けない。この戒名なら、すぐ

ワシの墓やとわかってもらえるやろ」

というのがその理由である。もっとも、高色という字は最初「好色」としていたが、それではあまりにストレートすぎると、懇意にしていた米子商工会議所の名誉会頭・故坂口平兵衛氏の助言もあって変更した。

もとより、戒名は決まっていても、お迎えさんがくることなど私はちっとも考えていない。やりたいことがまだ山ほどある。そのため、もう二年ほど待ってほしいと、閻魔さんにはお願いしてある。二年経ったらまた、もう一度お願いすればいい。だから、日頃から閻魔さんとはケンカしないようにしている。

実は昨春、その閻魔さんとちょっとした行き違いがあって、九十歳にして手術台に上がることになった。医者をして、

「世界でも例のない高齢手術」

と言わしめるほどの危険な手術でもあったので、周囲の人間は大騒ぎだったらしいが、私はあまり心配していなかった。閻魔さんには日頃から、

「あんじょう頼んますわ」

と盆暮れの付け届けを忘れていないからだ。それより何より、

「しっかり、長生きしなはれ」

という閻魔さんの励ましをいつも耳の奥に聞いている以上、そうやすやすと道行きに応じるわけにはいかない。

「夢をいつも抱いとらんと、バカになるよ」

とはこれまた私の口癖であるが、同時にそれは私自身に対する訓戒でもある。生きていく上において、ああしたい、こうしたいという願望、情熱を抱くことは人間の本性であり、何ものにもまさる活力源だと思う。現状に満足したその時点から人間の老化が始まるのではないか、と本気でそう考えている。

昨年四月、美術館の新たな顔として、河井寛次郎と北大路魯山人の作品を常陳する『陶芸館』が完成したが、この二人はわが国の近代陶芸の二枚看板と考えている。寛次郎室の一隅には、囲炉裏を作って民芸風の雰囲気を再現し、魯山人室では、料亭の間や茶室の円窓を作り、料理を中心とした総合芸術の創始者・魯山人の心を汲んでいる。陶芸館の窓から日本庭園の美が一望出来るところを是非ご観賞いただきたい。作品に応じた展示空間こそ、私の基本理念でもある。

これに続いては、現代の息吹を伝える『現代美術館』をつくりたいと更なる意欲を燃やしている。

また、近くの金尾山の頂に世界一の出城灯籠（高さ二十二メートル）をつくった今なお、「山陰の鎌倉」と呼ばれる広瀬の町に、月山《がっさん》・富田《とだ》城を建設したいとの夢を捨てていない。広瀬は私にとって、安来以上に愛着の深い町であり、報恩の思いは募る一方だ。

さらに、諸外国の要人を美術館にまねいて、日本文化の素晴らしさを知ってもらい、国際親善に寄与したいと念願している。これは私の時代が無理でも、子々孫々の手によってぜひ実現してもらいたいと考えている。

加えて現在また、新しい構想として、足立美術館から車で十分ほどの東出雲町の野呂山に、世界一の国際会議場と迎賓館を造る計画を検討中だ。我ながら、文化国家日本を世界に知らしめる最適のプランニングと自負している。

『九十坂　越えてますます　夢ロマン』

私の今の心境はまさにこの歌そのものだ。

もっとも、そもそもが強欲な私は、欲のかき過ぎでこれまでに何度となく失敗を繰り返してきた。また心情のやさしさが仇となって、人にダマされたり裏切られたことも一度や二度ではない。クズ値で会社を売ったり、あるいは乗っ取られたり、また美術の投資で大損したり……と、みずから蒔いた種とはいえ、まさに苦折迷悶《くせつめいもん》の人生行路だった。

尼子十勇士のひとり山中鹿助《しかのすけ》の、

「願はくばわれに七難八苦を与へ給へ」

ではないが、次から次へとよくもまあ試練を与えてくれたものだ。

そんな私がどうにかここまでやってこれたのは、いい人たちとの素敵な出会いがあったからである。その当り前のことがこの年になって、やっと分かりかけてきた。何とも鈍な話である。私の場合、仕事はなんぼでも作るが、育てることを知らない。後始末ができない。それで周りの人が見るに見かねていろいろよくしてくれる。そのお蔭でいまの私があるとつくづく思うのである。資産は人なり、と心底そう思う。

作家の吉川英治氏も生前、

「自分以外はすべて、どんな人でもわが師、先生である」

と語っていたそうだが、まったく同感だ。社会のなかに身を置いている以上、一人きりで生きられるはずがない。

考えてみれば、どんな人間でも一生のうちには必ず大小の山坂に遭遇する。それがどんなに険しい嶺であろうと千仞《せんじん》の深い谷であろうと、そこから逃げ出すことはできない。そうしたせっぱ詰まった状況のときに、いわばその人の素顔が現われ、顔付きも変わり、いろんな干支《えと》を演じ分けるのが人生というものかもしれない。

これまでイノシシを自認していたのが急に、コマネズミのようにすばしっこく動きまわったかと思うと、サル知恵を駆使したり、馬車馬のごとく一心不乱に働く。またウサギやヒツジの優しさをのぞかせ、ウシのようにのっそり構えていたかと思うと、こんどは一転してリュウやトラになって猛々しく立ち向かったり……というふうに変幻するからこそ、人間の人間たるゆえんがあるとも言える。そういうふうに考えると、十二支の顔ぶれもなかなか味わい深い。

過ぎ去っていく時間の早さをたとえて、『光陰矢の如し』とか『月日は百代の過客《かかく》』と言ったりする。

私の場合、いまの心境を正直に言うと、そうした悟ったような感慨は湧いてこない。九十年という歳月のいかに長いことか、とつくづく思う。まさに「夢は枯れ野をかけめぐる」だが、とても「一炊の夢」の風流どころではない。暗中模索しながら、よくぞ今日まで生き抜いてきたと、われながら拍手喝采でもしてやりたい気分だ。

こんど、周囲の人たちの勧めもあって、これまでの自分の半生を綴ることになった。実は数年前から、大阪の六畳の私の部屋で大学ノートにメモ風に書きつけていたのだが、自分でも気の遠くなるような歳月の長さに、途中で放り出したまま、とても手をつける気がしなかった。ところが、

「いつものように思い出話でもするつもりで書いたり話したりしたら、それでええがな。わたしたちも知らんこと、ぎょうさんあるから、こういう機会にまとめてみたら」

と孫たちから言われて、そういうもんかいな、とちょっと気分が動き始めた。政治や教育、経済の話は苦手だが、絵や庭、ワイ談についてなら多少自信はある。

だいたい私は、人におだてられるとすぐに本気になって踊る、悪い癖がある。庭が素晴らしいとほめられると、ますます手をかけて期待に応えたいと思うし、また大観コレクションの充実ぶりを指摘されると、さらに内容を高めたいと気合が入る。つまり、乗りやすいのである。もっともそれが、向上心の肥やしとなっているばかりか、長生きの秘訣であると言えなくもないが……。

先程も言ったように、私の人生は〈絵と女と庭〉で語り尽くされる。もちろん実際には他にもいろいろあるが、だいたい人さまの苦労話など、しゃっちょこばって聞くものではない。また肩肘張るような話ばっかりしたって、本人がひとり悦に入るのがオチで、第三者にはちっとも面白くないだろう。

最近、いろんな人に会うたびに決まって、

「どういうつもりで美術館をやっているのか」

と聞かれる。金儲けでやっているのか、社会への還元が目的なのか、それとも道楽のつもりか、そこらあたりのことをどうも聞きたがっているようだ。

それについて私は、三つともすべて該当する、と答えている。根がよほど欲張りにできているらしい。だが、敢えて言えば好きだからやっている、としか言いようがない。

話がひとり芝居にならないよう気をつけながら、子供のころのこと、仕事のこと、出会った人のことなど、〈絵と女と庭〉に取り憑かれた、七転び八起きの人生を勝手気ままに語ってみたいと思う。

時に、情に流され過ぎたり、手柄話めいて鼻に付くような個所が出てきた際には、老人の戯言と思ってご勘弁いただきたい。

男おしんの「芽だち」の頃

私の本名は、足立義元《あだちよしもと》という。小学校時代の成績表はすべて「義元」となっている。戦国時代の武将・今川義元のそれと同じである。親がどんなつもりで名付けたのか、残念ながら聞いたことはない。全康《ぜんこう》というのは、二十四歳のとき米子で事業に失敗したおり、姓名判断によって付けた名前だ。いまでは、戸籍もそう改めている。

私はそんなに占いとか縁起をかつぐほうではないが、この全康という名前は自分でも気に入っている。響きがいいし、成績が全部、甲になりそうで気分がいい。それに何よりも「善行」を施す意に通じるのが有り難い。

昭和四十五年、七十二歳のときに、生地の島根県安来市郊外に『財団法人足立美術館』を建てたのも、なにか郷里に恩返ししたいという積年の思いからだった。これも名前の功徳にあやかったような気がしている。

とはいえ、それまでの義元という名前に愛着がないかといえば、そんなことはない。いくら改名したといっても、人間そのものが変わるわけではないし、また義元を名乗った時代の記憶が色褪せるはずもない。むしろ、名前を変えたことで、当時がより懐かしく感じられてくるのは、まんざら年のせいばかりでもないだろう。人間としての「芽だち」の頃の思い出は何年経っても忘れたりしない。

手元に残る一番古い写真（右端が著者）

それでは私の「芽だち」の頃とはいつか。さすがに八十年以上も前のことなのでちょっと頼りないが、小学校四年生の時に転校してきた女の子を好きになったあたりが、そうではないかと思う。初恋したことによって、まわりの景色がガラリと違って見え始めた。ハトが豆鉄砲をくらったようなものである。

何しろそれまでの私は、成績が悪い上にひどく内気なこともあって、学校に行くのがイヤでイヤで仕方なかった。熱中できるものが何一つなく、漫然とした毎日を送っていた。

それがある日突然、女の子を好きになった途端、急に学校へ行くのが楽しくなったばかりか、生活に張りを感じ出したのだから大事件には違いなかった。目が覚めると同時に、一刻も早く学校へ行きたいと思うのだから、いい気なものだ。その変わり身の早さには、われながら只々呆れかえるばかり。勉強はさっぱりだったが、女だけはどうにか人並みというのは、実はこのときの体験が土壌になっている。

その子は名前を石井国恵といった。小柄な子で頭が良くて、とにかくベッピンだった。好きで好きでたまらず、夜ごと夢を見た。もちろん、好きだからといって、口に出すほどの勇気はない。いわゆる、片思いというやつだったが、それでも十分楽しかった。顔さえ見られればよかった。笑顔が実にかわいくて、私も毎日鏡をのぞき込んでは、その笑顔に負けないようニヤついていた。

「クニエさん、クニエさん」

と名前ばかり口走っていたのを思い出す。一度、何の用だったか、学校の廊下で彼女から呼び止められたことがあった。その瞬間、ボーッとなってしまって、目の前が何も見えなくなった。この症状ひとつをみても、そっちのほうの能力だけは間違いなく及第点が与えられるだろう。ハシカも真っ青の高熱だった。

彼女は学校を出てからもずっと地元の安来に居着き、つい数年前に八十幾つで亡くなったが、昭和五十五年、『日本の社長』という番組で私が紹介されることになったおり、初恋の女性ということで一緒にテレビに出てもらったことがある。その時、初めて好きだったことを打ち明けた。実に七十数年経ってからの愛の告白であった。

当時、取材のためにテレビ局の人たちと一緒にそちらへ行く旨、彼女に連絡を入れたところ、

「これから着物に着替えるから、ちょっと待ってもらえんかのう」

と大慌ての様子だったので、

「いやいや、服装は普段着のほうがええ。何も気い遣わんで、ただ家にいてくれさえすりゃええ

から」

と説得して割烹着姿で登場してもらった。女性というのは幾つになっても身づくろいし、きれいなところを見せたいものらしい。

その番組はテレビタレントの宮尾すすむさんがレポーターで、何かと冗談を言っては笑わせるので、私も興に乗って彼女の右手を握り、その手にキスする真似をした。そうしたところ、八十歳を越えてなお彼女の恥じらいぶりが初々しかったので、みんなの爆笑を誘った。後日、彼女から衣装をまとったキューピー人形を贈ってもらったが、聞けば、その衣装は彼女が手作りで仕上げたとか。素晴らしきかな初恋、である。

もっとも、私のこども時代で楽しかったことといえば、それくらいのもので、あとは我慢と辛抱の日々だった。

何年前だったか、テレビで『おしん』がはやったことがあるが、まさにあれである。生き写しと言ってもいいくらい自分とよく似ている。いつか、原作者の橋田壽賀子さんがうちの美術館に来られたことがあったので、

「あの時代の生活や風俗を、どのようにして調べんなさったか。実にようできちょる。まるで、おしんと一緒に生きてきたようや」

と感心して尋ねたら、

「明治生まれの母たちを知っている最後の世代が私たちです。おしんという名もない女性の一生を描くことで、私たちが生きるための指標を探れたらと、かねがね思っていました。それで私の姑や母だけでなく、明治、大正、昭和の時代を生き抜いてこられた全国の人たちからお手紙をいただき、まとめたのがあのおしんです」

という意味のことをおっしゃっていた。それを聞いて私は感動した。こういうドラマは頭ではなく、心で書くもんだと教わった。だからこそ、あれほどまで人々のこころを打ったのだ、と。

『おしん』の原作者橋田壽賀子さんと

私は自分の子供姿をダブらせながら、毎日欠かさずテレビを見た。近年、最も真剣に見た番組の一つといってよい。ただし、番組に登場するおしんは頭の良い、けなげで可愛い女性だったが、私の場合は頭の悪い「男おしん」。色気も何もあったものじゃない。それだけに苦労も並大抵ではなかった。

いま、自分の生い立ちを語ろうにも、小学校に上がるまでの記憶はほとんどない。一番遠い記憶というと、小学校一年生のときに聞いたズドーン、ズドーンという大砲の響きだろうか。明治三十八年五月二十七日、日露戦争の日本海海戦が始まり、ロシアのバルチック艦隊との交戦の音が学校にまで聞こえた。子供心に、大変なこっちゃと緊張したのをおぼえている。後年知ったことだが、この海戦で同艦隊の仮装巡洋艦が撃沈され、乗員の一部が島根県の那賀郡や美濃郡に漂着したという。

話があと先になったが、ここで足立家の系譜、家族のこと、それに私の生い立ちについて簡単にふれておきたいと思う。

私は明治三十二年二月八日、島根県能義郡飯梨村大字古川三百二十番地に生まれた。現在、足立美術館が建っている庭園内の一角（池庭中央の石灯籠があるあたり）に生家があった。目と鼻の先には往昔、鷺が飛来し傷を癒したという『鷺の湯温泉』がある。

飯梨村は、能義平野の西南にあたる典型的な純農村地帯で、松江から五里ほどの距離。すぐ近くを、能義郡広瀬町、安来市を経て中海に注ぐ一級河川の飯梨川が流れている。私が生まれた当時の村の総戸数は四百四十戸あまりで、人口は二千人をちょっと超えたくらい。古川はそのなかの、民家が二十五軒ほどのごく小さな集落だった。

この飯梨という地名は『出雲風土記』によれば、大國魂命《おおくにたまのみこと》がこの地で食事をなさったので飯《い》成《なし》といったが、七百二十六年（神亀三年）いまの飯梨に改めたという。古書を繙《ひもと》くまでもなく、昔ながらの農村地区だったことがわかる。その証拠に、このあたりでは〝田〟のつく姓がやたらと多い。塚田、原田、太田、江田、池田、広田、岩田、頼田、祖田、深田、浜田、田辺……といった具合だ。しかし、戸数に対する耕地面積は小さくて、自作地よりも小作地のほうが多かった。つまり、それだけ貧しい農家が多かったわけで、わが家も代々その貧農の中の一つだったようだ。

父の名前は覚市で、母親はトメ。私は四人きょうだいの第二子に生まれたが、あとはすべて女(長女・カメ、次女・熊野、三女・安子)だったので、足立家の嫡男にあたる。当時は、両親のほかに祖父の清蔵と祖母のモンも健在であり、全員で八人家族。いまなら大世帯というところだろうが、明治の末年としては平均的な家族構成であった。

住居様式はわら葺で、壁は粘土を塗っただけの粗末な造り。家の中は台所と一緒になった十五畳くらいの土間を中心に、八畳・六畳・四畳半と部屋が三つほどあり、便所と風呂は外にあった。敷地内を小川が流れており、そこで農具や野菜などを洗ったりした。庭ではいつもニワトリがちょこちょこと歩きまわり、餌をついばんでいたのをぼんやりと覚えている。また、家の裏にはボロ家を隠すための竹ヤブが植えられていたが、当時はどこの家でもたいてい竹ヤブを垣根がわりにしていた。

農地のほうはわずかばかりの山と田畑があり、米や麦のほかに季節に応じて、甘藷、大根、茄子、里芋、白菜、大豆などを作ったりした。しかし収穫といえば、家族が自給自足できる程度の量なので、地主から田んぼを借りて生活のたしにした。

またその頃の食事は、米と麦が六合と四合の割合の「米麦交り飯」で、このほか朝と夕には団子や焼き餅（屑米にとうもろこし、ソバなどをまぜた粉でつくる）が主食になることもあった。時には、食いぶちを増やそうと米の中に、その何倍ものおからをまぜることさえあった。おかずは塩魚や煮物、漬け物がほとんど。ニワトリの卵は病気にでもならない限り、とても食べさせてもらえなかった。全員が土間に敷かれたムシロの上に座り、炉を囲んでうす暗いランプの光の下で食事をとった。それでも粗衣粗食が当り前の世の中だったので、みんなの表情は思いのほか明るかった。

足立家は一族の本家にあたるが、いろいろ調べてみると分家も含めて代々財を成した者はいないらしい。墓はどれも似たり寄ったりで、なかには石ころを積んだだけの石塔も見受けられる。先祖は、清蔵の父にあたる茂助（明治二十九年三月十五日没、享年七十四歳）までが、過去帳によって確認されている。それ以前の資料は、大正四年四月二十七日の能義郡広瀬町の大火によって、菩提寺である臨済宗・宗松寺が延焼して不明になってしまった。

私自身、幼少年期の記憶はほとんどないが、肉親の愛情に恵まれなかったという意味ではもちろんない。父とはあまり折り合いはよくなかったものの、祖父母と母のあたたかい庇護を受けて育った。

祖父の清蔵は岩田家からの入り婿だったが、モンとの間に子供ができず、そのためモンの妹の子であるトメを養女にもらい受けた。また、覚市も内田家からの婿養子で、したがって私が生まれたときは足立家にとって五十年ぶりの男児誕生と大喜びしたという。特にモンは日がな一日、私の顔を見ながら、

「偉うなりそうな顔しとる」

と目を細めていたという。

清蔵もまた大変な子煩悩で、血縁関係もないのに実の孫以上に私を可愛がってくれた。幼い私を毎日のように膝のうえに抱き、晩酌をチビリチビリやりながらあやしていたという。祖父は信仰心が篤く、読書と酒が好きで、ワラ仕事も大変上手だった。信望もあって、山林の管理を任されるほかに、中作という地主の代行もやっていた。人から頼まれればいやといえず、保証人になって難儀したこともあったが、田畑や山林を少しずつ買っていく力を持った人であった。祖父母の仲はむつまじく、祖父が三味線を弾くとそれに合わせて祖母が唄うという具合で、はた目も羨むほどであった。この祖父を、今でも私は一番尊敬している。

それに比べて両親の夫婦仲はあまり良くなかった。父は良く言えば、堅忍不抜の気性で職人肌のところがあり、悪く言うなら、理屈っぽくて何かにつけてブツブツ小言を言うことが多かった。来る日も来る日も野良仕事に明け暮れ、子供の目にはこむずかしくて、ただ怖いだけの存在だった。

対して、母は八等身の美人で体力もあり、仕事も能率的で手際が良かった。私は何かあるともっぱら祖父母と母親になついたが、幼少年時代は精神的にひよわな子供で、小学校に上がってからもそれはほとんど変わることはなかった。

私が飯梨村尋常小学校に入学したのは、明治三十八年四月。家から学校までは子供の足で三十分くらいの距離だった。素足にワラジを履いてあぜ道を通った。

その頃の校舎は木造の二階建てで、児童総数は二百人くらいだったろうか。当時の資料を見ると、私の学年は四十二人（男二十四、女十八）おり、そのほとんどが農家の子だった。クラスは低学年と高学年に分かれ、全校で四学級あった。

小学生時代、私の大の仲良しでけんか友達だったのが、ずっと美術館のすぐ近くに住み、兄弟以上の付き合いをしていた、足立伊之助さん。私より三つ年上の優等生で、いつも級長か副級長になり、運動場に生徒が並ぶときなど、

「右向け、右！」

と、かけ声をかけていた。私はそれを見ながらいつも羨ましく思ったものだ。

しかしそれは劣等生のいわば、ないものねだりというやつだった。姉や妹はみな成績が良く、中には級長になった者もいたのに、私だけは入学してから卒業するまでの六年間、一貫して出来が悪かった。在学中、甲はわずかに三年次の修身だけ。国語、算術、日本歴史、日本地理、理科

はすべて丙だった。乙が修身と操行と図画と唱歌。何のことはない、ただ行儀が良くておとなしかったため、情操科目の点だけがよかった。しかしこのうち、唱歌と操行は多分におまけしてもらったものだと思う。歌はオンチだし、かけっこするといつもビリ。とても甲や乙をもらえるような内容ではなかったからだ。

そんな中で唯一好きだったのが図画の時間。先生にほめられ、たまに教室に絵が貼り出されることがあり、好きになった。時にはイジメっ子から絵を描いてくれるよう頼まれることもあって、そんな時は一人前に扱ってもらえたような晴れやかな気分になった。

美術館内喫茶室「翠」で語る

絵といえば、ひとつだけ苦い記憶がある。

ある時、絵の手本書が欲しくてたまらず、親父に言ってもどうせ怒られるだけだと思って、祖父の財布からそっと十五銭抜き取ったことがあった。祖父はワラ仕事が上手で、それでいつも酒代をつくっていたのだが、頭が良くて計算は早い。すぐに金が足りないことがバレてしまった。

「誰か、知らんか」

私は正直に言おうとしたが、白状するだけの勇気がなくて、結局言いそびれてしまった。上目遣いにそっと祖父の顔を見たとき、チラッと目があったその拍子に、私は祖父はすべてを知っていながら、知らん顔をしてくれているのが分かった。それからというもの、その本を見るたびに良心の呵責を覚え、これからは親のものとはいえ無断で拝借することは絶対にすまいと誓った。悪いことをして得た満足など、罪深さと、良心の呵責のまえではひとたまりもないことを、子供心に知った。

とんだ恥をさらしたが、絵がどれだけ好きだったか、これでお分かりいただけるだろう。〈女性〉〈庭園〉と並んで〈絵画〉を挙げる理由も、こうした小学校時代の原体験がきっかけになっている。

数十年後、横山大観をはじめとする美術品を収集するようになり、ひいては美術館まで造るようになったのも、絵を愛するこころが下地にあったればこそ、と思っている。

私はしかし、図画のある日をのぞけば、学校に行くのだけはどうしても好きになれなかった。それは四年生になって初恋するまで続いた。とにかく引っ込み思案のうえにおとなしすぎたから、悪ガキはもとより女の子からも馬鹿にされた。みんなの遊びの輪に入れてもらえず、たまにチャンバラゴッコなんかすると、いつも切られ役か手下役ばかりだった。また兵隊ごっこでは、殺される側と役回りが決まっていた。

一度なんか、ガキ大将からナイフで切ってやると襲われたこともあった。その時は夢中で路傍の石を拾って投げつけ、相手がコブだらけになって降参したので事なきを得たが、イジメの類をあげるときりがない。

冬の寒い日、みんなはストーブのまわりに集まって暖を取っているのに、いつも自分だけ教室のすみっこでブルブル震えていたのをつい昨日のことのように思い出す。

そんな状態だったから、朝はいつも大変だった。学校に行け、行かぬで親ともめるのが日課となっていた。親がご機嫌を取るほどに、私はますますむずかって行こうとしなかった。

そんなある日、私は無断で学校を休み、近くの亀鶴山《きかく》（現在、美術館の庭園の借景として滝が落ちている山）で遊んだことがあった。確か小学校二、三年生頃ではなかったかと思う。そこで一日何をして過ごしたかは全然記憶にないが、山の上からみんなが下校するのにあわせて、知らん顔して家に帰ったものの、みんなの視線が私の行動をすべて見抜いているように感じられて、どうにも落ち着かなかった。そして何日もまた良心の呵責を覚え、いつかバレるのではないかと気が気でなかった。こんなことなら学校へ行ったほうがよかった、と軽はずみな行動をどれくらい反省したことか。それがいい教訓となって、それからは泣きベソをかきながらも、二度とズル休みすることはなかった。

小学校の頃の思い出で、もう一つ忘れられないことがある。六年生のときだった。家から歩いて二時間ほどの、伯太川《はくたがわ》にかかる千代富橋のすぐたもとに、雲樹寺《うんじゅじ》という臨済宗の古刹がある。

いまでも南北朝時代の様相を伝える寺として、中国観音霊場二十七番札所にもなっており、別名ツツジ寺とも呼ばれている。そのお寺に何の理由だったか、出かけたことがあった。

三百メートルにわたって続く松並木の参道。その中ほどに唐様の重文四脚門が聳えている。境内に入ると、後醍醐天皇御洗筆の勅額を掲げた山門をくぐり抜け……と、いまなら案内書片手に多少は立体的に説明できるのだが、残念ながら記憶にあるのはこうした寺の威容などではなく、裏山の枯山水の禅宗庭園のことだけ。きれいに刈り込まれた木々、鮮やかな緑と白砂の対比、静まり返った庭のたたずまいをみて思わず、

「ええ庭やなあ！」

とため息をついた。それまで庭の景趣にこころを動かすことなど全然なかったのに、その時なぜか雷にでも打たれたように深く感動した。庭いじりといえば親父が好きで、植木屋からよく庭木を買ってきたり、山から松やカエデを採ってきては狭い庭の手入れをしていた。覚市に任せておけば安心、というほどだった。あるいはそうした父の血が、私をして感動させたのだろうか。

いずれにしてもそれ以来、折りにふれて自分も庭の石を動かしたり、植栽に関心を抱くようになった。庭づくりに興味を持つようになったのも、元をただせばこの時の出会いが原点となっている。十七、八歳のころ父と一緒によく植樹したり、家のなかの小さな川の流れを何度も変えたりしたものだ。

考えてみれば、私の人生訓である〈絵と女と庭〉はことごとく、小学生時代の体験が発端になっている。そしてそれらはいずれも人から教わったものではない。自分の気持ちのおもむくままに、魅せられた事柄ばかりである。むずかしいことはよく分からないが、心が裸の状態のときに受けた衝撃は、一生消えることはないのではなかろうか。

情操教育という言葉があるが、近ごろは学歴優先の社会ということもあってか、頭でっかちのこどもが多すぎるように思う。もっと、こころのなかの教育に目を向けるべきだろう。私がそのいい例である。出来が悪いからといって、そんなに悲観することはない。学校の成績だけで人間の価値は決められるものではない。

車引きからの出発

私は現在、五つの会社・法人の役員をしている。『㈶足立美術館』の名誉会長、『丸全㈱』の代表取締役会長、『㈱日美』の代表取締役会長、『東宝産業㈱』の相談役、『新大阪土地㈱』の相談役がそれである。

小学校を出てから今日に至るまで、手がけた職はざっと三十にのぼるので、約二割が成功した計算になる。はたして、この二割という数字がどれほどの価値を持っているか、自分にはよく分からない。

ただいつも思うことは、もう少しやれたはずだという若干の心残りと、立派な商人になることを夢見た多感な少年時代のことである。とりわけ、最初に手がけた商売のことは、いわば私の事業の原点というものだけに忘れることはできない。

明治四十四年三月、飯梨村尋常小学校を卒業すると、私は家業である農業を手伝うようになった。入学した時点では四年生が義務教育だったが、在学中の明治四十年三月に小学校令が改正され、六年生までとなった。卒業すれば、初恋の女性に会えなくなるのは辛かったが、これでやっとイヤな勉強から解放されると思うと、ホッとした。

何しろ、六年生の学業成績は惨憺たるもので、とても卒業できる内容ではなかった。ビリから二番目という、ひどい成績だった。それがどうにか卒業できたのは、授業だけは真面目に受けていたその生活態度が、先生方の同情を誘ったのと、クラスにひとり、どうしても落第させなくてはならない生徒がいたために、ふたりも落とすのはどうか、という学校側の事情によるものらしい。

「この中には落第して当然の者がおるが、みんなの同情で引っ張りあげることにした。期待を裏切らないよう頑張ってほしい」

私の顔をじっと見ながら、先生がみんなの前で言われるのを赤面して聞いたものである。紙一重の運の良さであった。

私は父や母と一緒に田畑に出るようになった。満で十二歳、身長は百三十センチちょっと、まだまだこどもである。その頃の男子の服装は、筒袖に股引きまたはズボン下、兵児帯《へこおび》、脚絆。女子も多くは筒袖、一重帯、手甲《てっこう》、脚絆、前垂れという出立《いでたち》だった。農具の蓑やクワ、スキもまだ十分に使いこなせず、腰をかがめての労働は涙が出るほどきつかった。が、健康には恵まれていたので、愚痴もこぼさず働いた。勉強に比べたら、まだましという気持ちもあった。勉強だけはほんとうに嫌いだった。

父は非常に真面目な性格で、小銭を木箱にためることと、庭をいじるのが大好きだった。労働を尊ぶふうが強く、仕事も頭にバカという字がつくくらい丁寧だった。田植えにしても種まきにしても、また草むしりや刈り入れにしても、まるで芸術作品でもこしらえるようだった。

それは見た目にはいかにも几帳面だが、能率という点では話にならなかった。時間ばかりかかって、近所が夕餉《ゆうげ》を迎えているのに、わが家だけはまだ外で田畑を耕していることがしょっちゅう。取り入れはいつも村で一番遅かった。ひどい時には夜中の十二時ごろまでかかることがあり、姉や妹たちと眠い目をこすりながら泣き泣き手伝った。父もそんな時はさすがに気が咎めるとみえて、

「もう少しの辛抱や。取り入れがすんだら、イモの天ぷらを食わしてやるけえ。おいしい魚も買うちゃる」

とご機嫌をとったが、一度として約束が履行されたことはない。すべて話だけであった。

姉妹たちと……商人を志した頃

そんなこともあって、やり方は少々荒っぽかったが、私は能率を第一と考えて農作業にとりかかった。親父の倍は動いた。しかし父にはそれが気に入らず、

「お前のやり方は、おおざっぱでいかん」

と何度もやり直しを命じられ、それがもとでいさかいが絶えなかった。そのたびに母が仲裁に入り、ふたりの間をとりなした。気の長い仕

事ぶりのわりに、父はすぐカッとなるところがあり、私が四十を過ぎても棒をもって追いかけられたりしたものだ。

当時のわが家では、五俵半の収穫のなかから四俵を年貢米として地主に納めることになっており、そのためいかに効率よく収穫量を増やすかがそのまま暮らしに関係した。私としては、少しでも生活が楽になればとの思いが強かったのだが、現実はそんなに甘くはなかった。いくら頑張っても一俵半が残ればいいほうで、一俵かあるいはそれに満たない年も珍しくない。働き損のクタビレ儲けとはまったく農業のことで、父はそれではと二町歩半も田んぼをふやし、人を雇って増収をはかろうとしたが、人件費や労働時間を差し引くといつも赤字だった。

それというのも飯梨川沿いのこの一帯は、上流の真砂《まさご》から砂鉄を採取するために鉄穴流《かんなな》しが盛んだった。そのため砂泥の堆積が著しく鉄分のまじったヒヤリ水が地面の底から湧き出たりして、稲の発育は悪かった。おまけに川は昔から氾濫と干ばつを繰り返し、そのたびに田畑は荒れて、農民の苦労は絶えなかった。そして何よりも、小作料と年貢が重い負担となってのしかかり、それがのちの小作争議の原因のひとつともなった。

私は両親の働きぶりを目のあたりにしながら、農業にだんだん不信感を抱くようになった。早朝から夜更けまで、こんなに一所懸命働いているのにまるで報われない。貧乏暇なし、である。何ともやりきれない日が続いた。

私は農作業のかたわら、日雇い仕事に出た。そのころの仕事で一番の現金収入と言えば、大八車による車引きと、皮肉にも川の氾濫による堤防づくり等の肉体労働であった。そのたびに農民はこぞってモッコ担ぎに精を出した。

飯梨川の氾濫はそれはひどかった。ほとんど毎年のように決壊を繰り返し、田畑は浸水した。史料をさかのぼると、一六三五年（寛永十二）と一六六六年（寛文六）には、広瀬の町と水路とが逆になるほどの大洪水があったといわれる。また明治十九年と二十二年、大正七年にも植田堤防が決壊、家屋が次々と流失し田畑はすっぽりと水中に沈んだ、とある。

いま、私の記憶にあるのは、家から三百メートル離れた古川堤防が決壊し、村の男たちは全員労働にかり出された時のことである。十四歳になっていた自分もそのなかのひとりだったが、子供の場合、なかなか一人前の労賃は貰えなかった。そんなある時、年下の子とどちらが重いものを担げるか競争させられたことがあった。自分としては小柄とはいえ、体力には少なからず自信があったので、負ける気などしなかった。ところが意に反して先にへたばってしまい、すっかり大人たちから馬鹿にされてしまった。

その夜、私は悔やしくてたまらず、布団のなかで悔やし泣きした。いまに見ちょれ、と思った。

——よし、これからは力仕事ではなく、商売でいこう。

農業にもいまひとつ身が入らず、力仕事も向いていないとなれば、商売人になるしかないような気がした。それは確たる信念というよりも、農作業から逃げ出したいというのが本音だったかもしれない。とにかくその時の悔やしさが教訓となって、にわかに商売への関心が深まっていった。

折りも折り、農閑期の十二月から二月にかけては、中国山地の山あいの町・広瀬から中海の荒島、安来の港まで、飯梨川沿いに大八車で木炭を運搬する仕事があったので、私はそれに目をつけた。

木炭問屋からの依頼で、海辺の小売店に炭を運ぶだけの手当は一俵につき二銭五厘。大八車にぎりぎりの十二俵の木炭を積み込み、腰に梅干し弁当をぶら下げて、十一キロの細いでこぼこ道を五～六時間かけて運んだ。重さにすると、六十貫（二百二十五キロ）近かっただろうか。朝出かけて夕方帰ってくるというのが日課だったが、時には夜中になることもあった。体力を使うことに変わりはなかったが、日々の現金収入の魅力に気持ちは充実していた。三十銭が日当だった。

昼どきになると、お地蔵さんを安置したお堂か、あるいは土手の草むらに座り込んで梅干しだけの手弁当を食べた。道中の茶店ではイワシ二匹が三銭だったが、その三銭がもったいなくて、一度も立ち寄らなかった。だが、寒い時期のことなので、ちょっと長く座っていると、たちまち腰のあたりが冷えてきて食事もそこそこに車を引っ張った。するとこんどは横腹がキリキリと痛くなり、その繰り返しにはどれだけ難儀したことか。手足のあかぎれ、しもやけにも往生した。

私は新しいお得意さんを見つけるため、あちこちを歩き廻った。だが、新規開拓は至難のワザで世間の風は冷たかった。

街灯もない真っ暗な帰り道、すり切れたワラジで足に血マメをこしらえながら、ふと民家の灯りを見つけたりすると、なんの因果でひとりこんなに苦労せにゃならんのか、と恨めしく思ったことも一度や二度ではない。ガタガタ、ガラガラという大八車の乾いた音を聞いているうちに、わけもなく涙が出た。

一方、無二の親友で、鼻息の荒かった足立伊之助さんは家が多少裕福だったこともあって、馬車を使い一度に六十俵を運んだ。体力の消耗の違いはもとより、当然、儲けのほうでもあっという間に差がついた。

私にはそれが歯がゆくてたまらない。そこで思いついたのが炭の小売り。自分で仕入れた炭を、広瀬から安来へ運ぶ途中、近在の家々に売って歩いたのである。これが私の手がけた最初の商いであった。うまい時には運賃かせぎの倍ほどの収入になったことから、いよいよ商売に魅了されるようになった。

十五、六歳の時には農仕事はすべて両親に任せ、もっぱら運搬と小売りの仕事を専業としていた。休日は盆と正月だけ、日曜日も祭日も関係なかった。こうして真面目に商売をやっているうちにだんだんと世間の信用もつきはじめた。

そうしたある日、中海の赤貝を一手に扱う網元『山口屋』の主人の知己を得るようになった。

「まだ若いのに感心だ。手ぶらで帰るのはもったいない。ひとつ、うちの赤貝を扱ってみんか。広瀬には取引きしている店があるが、一回一回そこへ運ぶのは大変だ。あんたの商売になるよう卸値を計らうから、やってみるといい。先方にはこれから、全部あんたを通すようにと言っておくから」

と声をかけられた。それをきいてハッとした。私としたことが、空っぽで帰る無駄にそれまで気付かなかったのである。若いというか、うかつな話である。言われてみて、「見ず知らずの人でも、ちゃんと見る人は見ているものだなあ」と思った。私は道中の村々や広瀬で赤貝を売って歩いた。赤貝は暗いところに置いておけば一か月近くはもった。取り扱い量が増えると運搬を伊之助さんに手伝ってもらった。その儲けも結構な金額になった。

貝を扱ったことがきっかけで、大根や芋などのブローカーもやるようになった。ちょっと頭をまわせば、儲け仕事はいくらでも転がっている。勉強のほうの才能はゼロだったが、商売に関するカンはそう見捨てたものではなかった。好きこそものの上手なれ、というやつである。

夜ごと、新たな儲け仕事を夢見ながら眠りにつくのが、その頃の一番の楽しみであった。とりわけ励みとなったのが、「働き者だ」「若いのに感心だ」といった世間の人たちのほめ言葉。落第生から一気に優等生になったような気分がして嬉しかった。

村祭りがあると、フーテンの寅さんよろしく、神社の一角に戸板を広げ、バナナの叩き売りをしたこともあれば、秋のシーズン、飯梨川にかかる平均台のような細く長い木橋を恐る恐る渡って山に入り、秘密の場所からマツタケを狩ってきては金に換えた。

また寒い時期、フンドシ一丁で川に入り、素手でウグイを何十匹と捕ってはおかずにしたりした。ウグイを捕まえる時は決して下流から行ってはいけない。上流からそっとおなごの肌を撫でるようにつかまえるのがコツである。その頃は遊ぶことよりも、金儲けするほうがよっぽど楽しかった。

しかし、肝心の積荷の注文を取るのはおいそれとはいかず、仕事をもらうのがひと苦労だった。相変わらず、メシを食うのもそこそこに朝早く出かけては、夜遅くまで働いた。荷物が多かったり、重かったりしたときには、すぐ下の妹に大八車のアト押しをしてもらった。いなか道なので、ちょっと雨や雪が降ると大変だった。服はすぐ泥だらけになった。だが、彼女は文句一つ言わず手伝ってくれた。

その頃、村の若い衆の間で花札のオイチョカブがはやったことがある。仲良しの伊之助さんと出雲大社へ遊びに行った際、私は早速花札を買い、これに熱中した。そしてある晩、数人の男たちと座蒲団を囲んだ。が、バク才がないのか、すぐに手持ちの金を取られたばかりか、皮のタバコ入れもたちまち巻き上げられ、すってんてんになった。私はすっかり頭に血がのぼり、こんどは口張りで金を賭けたところ、これまたあっさりと返り討ちにあい、気が付くと五円の借金ができていた。男たちはあざ笑いを浮かべ、吐き捨てるように、

「どうせお前は口ばっかりや、五円もの金なんか払えっこないじゃろ」

と罵倒するので、私は、

「そんな、はした金、すぐに返しちゃるわい」

と啖呵を切って外へ飛び出し、真っ暗なあぜ道を突っ走って伊之助さんを叩き起こした。夜中の十二時頃だったろうか。彼はねぼけまなこで、何事かいなという表情で、ぼうっと突っ立っていた。

「オイチョカブで負けてしもうた。今後いっさいバクチはせんから、五円貸してくれ」

「バクチ場での話や。そんなもん払わんでええ。放っとけ」

「それでは男の面目がたたん」

何とか五円を借りて私はバクチ場へ取って返し、これで文句はないやろう、と金を投げつけてやった。それ以後、伊之助さんとの約束で、二度とバクチには手を出していない。何でもとことんいく私みたいな性分の人間は、バクチはやらないに限ると悟った。

足立伊之助さんとは兄弟分のようにし、毎日のように遊んだが、それに輪をかけてケンカもよくした。

「もう、お前とは二度と会わん」

「おお、ワシだってお前の顔なんか見とうもないわ」

といったような捨てゼリフは毎度のことで、一日、二日もすればどちらからともなく、

「このまえは悪かったのう」

のひと言で、次の瞬間にはもう顔を突き合わせ、女の子や金儲けのヒソヒソ話に夢中になっていた。村では一番のポン友であった。

その伊之助さんが二十歳、私が十七歳の時のことで、いまだに忘れ難い事件がある。当時、飯梨村の第四部消防隊は古川、上石原、下石原の三村から構成され、組長は他村の男が、小頭は伊之助さんがやっていた。

そうしたある日、消防演習が行なわれ、それが終わったあと組長の勝手な裁量で、古川を除く二つの村だけで打ち上げが開かれた。組長は確か五十歳くらいだったと思う。それを知った私は、

「伊之助さんが組長やったら、絶対にそんな真似はせんぞ。みんなで演習をやったのに、古川だけ仲間はずれにするとは何ごとじゃ。この際、責任とって辞表を出せ」

と一人で直談判した。血気盛んな年頃とはいえ、相手は親子ほども年の違う大人。いま振り返ってみても、よくそんな度胸があったものだと自分でも感心する。結局、この事件は私の意見が通って男は辞任、代わって伊之助さんが組長になり、以来、数十年にわたって彼が大役をこなす

ことになった。

こんなことがあって、しばらく経ったある日。

私は親に呼ばれ、いきなり結婚するように言われた。寝耳に水とはこういうことをいうのだろう。結婚などついぞ考えたこともなければ、第一相手がいなかった。ポカンとしている私に向かって、父はもう既成事実とばかりに、

「お前もそろそろ身を固めたほうがええ。相手は心配せんでもう見つけとる。清蔵じいさんの姪や。祝言は来月にもあげる」

まさに問答無用である。好きも嫌いもなければ、いいも悪いもない。親の言いつけには絶対服従の時代でもあったので、黙って素直に従うしかなかった。が、内心では十代で花嫁が持てると、したり顔だった。

私はこうして結婚することになった。満で十八歳、男としての筆下ろしは前の年に、近所の旅館の女中相手にすませていた。そのへんはぬかりなかった。車引きを始めて以来、積極人間に変身中であった。

結婚式の当日、それも式がすんで角隠しを取った時に、私は初めて花嫁の顔を見た。小柄でまだ子供のようだったが、おとなしそうなのでひと目で気に入った。年は十七で、トミエといった。結婚とはこんなにいいものかと思うくらいに、毎日がバラ色だった。

しかしこの結婚は三か月足らずしか続かなかった。ふたりの仲はすこぶるよかったのだが、ある日突然、私に何の相談もなく、親父が勝手に彼女を荒島の実家に帰したのである。そして離婚の手続きもすませたという。私には何が何やらさっぱり分からず、ただオロオロするばかりだった。あとで知ったところでは、彼女にずっと生理がなかったので、そういう女性がいる村はだんだんと衰微するとの昔からの言い伝えにしたがい、村人にバレる前に里帰りさせたということだった。

そんなわけで、私の最初の結婚は見事失敗に終わった。すべて親の言いなりであった。どういうわけか入籍はしていなかったので籍はそのままだったが、うまくいっていただけに、ショックも大きく、しばらく放心状態が続いた。

実はこの話には後日談がある。生理がなかったのは、ただ肉体的に若かったためであり、その後彼女は結婚して八人も子供を生んだということだった。もしあのまま彼女と暮らしていたら、私の人生も変わっていたかもしれない。不思議なのは人間の縁《えにし》である。

運送業をやっていた時代で今なお忘れられないのは、厳寒のある冬のこと。豪雪が山陰一帯を襲い、そのため主要幹線道路が軒並み通行止めとなったことがあった。馬車も大八車も通れないほどで、安来の町は寒さで震え上がった。私はその頃すでに自分よりも五歳くらい年上だった野尻利吉さんと共同で木炭の卸しをやっていたので、これぞ絶好のチャンスとばかりに、村中の男衆はもちろん、女衆にも声をかけた。

「日当を十五銭にはずむから安来まで木炭二俵、担いで出やせんか」

これが町の人間相手だったらとても無理だったろうが、何もすることのない百姓にとっては格好の現金収入。たちまち何十人もの人夫が集まった。

その日、白銀の世界のなかを人夫がまるでアリの行列のように、ゾロゾロと安来めざして歩いていった。背中にはそれぞれ二俵の木炭を担いでいる。それを眺めながら、私は弁当の手配に、相かたは相かたで人夫の確保に奔走した。というのも、雪は何日間も一向に止む気配がなく、安来の船問屋からは連日、

「あと、どのくらい持ってこられるか」

と矢のような催促であった。境港に運ぶらしかった。ふたりは予想以上の反響に思わず顔を見合せ、お互いの頬をつねりあった。

「さあて、こんなに儲かってええんかいな」

この時、問屋に卸した木炭一俵の値が三円から五円。これが私が初めて人を使った商売であり、儲けた金が一人当りざっと二百五十円。一躍大成金となり、近所でも大評判になった。

私はとっぷりと商売の醍醐味にひたった。顔をひき締めようにも、すぐにほっぺたがゆるんだ。むろん家族にも鼻高々だった。商売人としての天分が自分にはありそうな気がした。金儲けがこ

んなに楽しいとは、正直いってその時初めて知ったように思った。

私と彼は儲けたお金で、生まれて初めてすき焼きに舌鼓を打ち、芸者遊びに興じた。繰り出した先は広瀬の町。呑めや唄えやとはこのことである。まさに有頂天だった。十代の私の絶頂期である。

だが人間、金が入ると気が大きくなり、それに乗じていろんな誘惑の手が伸びてくるもので、そんな時こそ、人間の器がはかられる。持ったことのない金を握ると、物事の判断も甘くなりやすい。

ある日、禁治産の宣告を受けた男ではあるが、なかなかのヤリ手で、みんなから『旦さん』と呼ばれていた人物がやってきた。

「大阪に炭を送ったらもっと儲かるが、いっちょやってみんか。あとは自分が向こうで荷を受け取って指示するから」

と勧められた。私にすれば、男が米の取引きで儲け、地元では多少は名前の知れた人物でもあったので、事業拡大の絶好のチャンスと二つ返事で話に乗った。

私は男の言うがままに、ひと貨車分の炭を大阪に送った。頭のなかは、大都会である大阪の問屋と商売ができるという喜びでいっぱいだった。この最初の取引きは期待通りの利潤をもたらした。私は天にも昇る気持ちだった。いっぱしの事業家気取りだった。

そんなさ中、男がさらに耳寄りな儲け話を持ち込んできた。

「実は、ワシは上田に銀鉱山を持っとるんだが、鉱脈を掘り当てる寸前のところで資金が続かず、そのままにしてある。あとほんのわずか掘れば大金がつかめる。共同経営者ということで資金援助しないか」

私は最初の仕事で多少儲けさせたもらったことでもあり、男を信用していたので、この話に飛びついた。長年やってきた木炭商をやめ、山に入った。鉱山王というのも悪くない、と取らぬタヌキの皮算用をした。強欲なこと、この上もない。

ところがこれがとんだ見込み違いだった。銀と銅の鉱脈があるというのはどうもほんとらしいのだが、横穴だけでなく縦穴を通してみたものの、掘れど進めど一向に鉱脈に当たらない。資金はアッというまに底を突いてしまった。やれ機械を買うだの人件費がかかるだのと、金は水泡のごとく消えてしまった。

私は無一文になったばかりか、わずかばかりの先祖の山までつぎ込んだのにこのザマである。父は激怒した。

「先祖が残してくれた財産にまで手をつけよって」

とそれはすさまじい形相だった。私は言葉がなかった。自分のお人好し加減が情けなくて、ただ詫びて謝るだけだった。

そんな中で祖父だけがひとり、

「あまり欲をかいちゃいかん。欲をかきすぎると、どうしてもついつい無理をしとうなる。人間の生活というものは、ふだん必要なものが買える程度の金さえありゃあ、それでええ。他人様に迷惑をかけんですんだのは何よりやった」

と逆に励ましてくれた。この時ほど、祖父の顔が神々しく見えたことはない。血のつながりもないのに、これほどまでに自分のことを気遣ってくれるその心根が、涙が出るほど嬉しかった。

この鉱山事件が起こる前、親戚の者が二十俵の年貢米を地主に納めないで夜逃げした。そのため、うちが代替にそれを納めて返し（十五俵を支払い、五俵は借り受ける）、その見返りとして残された田んぼを小作させてもらうことを約束した。父親は根っからの百姓で、田畑に出ることだけが楽しみであった。そんな父だけに、息子の行動はどうにも荒っぽく、無鉄砲に映ったのだろう。しばらくは口も聞こうとしなかった。

私もまたショックが尾を引き、ダラダラと気の抜けた生活を送った。とにかく、何かやろうにも全然身が入らなかった。兵隊検査がすぐ間近に迫っていた。

私は自らを奮い立たせ、兵役を機に再出発しようと思った。聞くところによると、村から上等兵になった者はいないということだったので、絶対上等兵になって帰ってきてやると心に誓った。そのことだけが希望の灯だった。

大正八年、二十歳の秋であった。慣れ親しんだはずの山や川までが、どことなくよそよそしく映る。雄大な伯耆《ほうき》富士・大山《だいせん》さえも、いつにもまして遠く感じられた。無一文の辛さが骨身にしみた。

涙と笑いの兵役時代

明治・大正・昭和そして平成と四代を生きてきた私のような世代ともなると、何らかの形で「戦争」とかかわりをもっている。日露戦争、第一次大戦、満州事変、日中戦争、太平洋戦争と、よくもまあたて続けに戦争してきたものだと思う。時代によっては束の間、軍需景気にわいた時期もないではなかったが、ほとんどの日本人がやがて戦禍にさらされ、肉親縁者を失い、貧窮生活を余儀なくされた。とりわけ兵役につき、戦地にかり出された人たちの苦労と悲しみは、はかりしれないものがある。どんな理由があろうとも、二度と戦争を繰り返してはならない。

私個人の体験についていえば、たった一度だけ兵役についたことがある。徴兵制度による内地での二年間の務めだった。一度も戦争に召集されなかったのは幸運だったとしか言いようがない。私の一年上の学年までが召集され、多くの知人が帰らぬ人となった。自分の意志ではどうにもならないのが戦争だ。

内地での二年間の体験は、私の人生において極めて重大な意味を持っている。そこらあたりのことについて記してみたい。

大正八年十二月一日、私は松江の歩兵第六十三連隊に甲種合格で入隊した。時代で言えば、第一次大戦が終結した翌年のことである。入隊に際して、事前に村役場から兵役検査についての説明があり、恥ずかしい話だが、そのとき初めて自分の生年月日を知った。そんなことでは駄目だ、と係官から注意され必死になって暗記した。誕生日など関係なかったから、覚える必要もなかったのだが、のんきな話ではある。

歩兵第六十三連隊は松江市南郊の古志原の丘陵地にあった。連隊は第一大隊・第二大隊・第三大隊の三隊から成り、一大隊は、大隊本部と四つの中隊とによって構成されていた。そして一つの中隊は、一班から五班までの五つの班に分かれており、私が所属したのは第三大隊第十中隊の第四班。一個中隊百五十人くらいおり、一班は三十人くらいだったろうか。私の階級はもちろん二等兵。

入隊後、朝五時半の起床ラッパから夜八時半の点呼消灯まで、規則正しい生活が始まった。もともと私は時間には正確で、しかも早寝早起きの習慣が身に付いていたから、兵役生活はさほど苦にならなかった。というのも、さしせまって戦争の危機を迎えていたわけでもなければ、軍の規律も想像したほどではなかった。時代が軍縮中なのは幸いというよりなかった。

兵役中、どうしても上等兵になるんだという大きな目標があったので、気が張っていたことも関係したかもしれない。教練をはじめ、掃除、洗濯など、与えられたノルマはきちんとこなした。それればかりか日曜日も外出せず、それこそ目のうえのハエも追えぬくらい献身的に働いた。もっとも、外出しようにもお金がなかったことも事実だが。事業の失敗で家族に迷惑をかけた以上、親から支度金をもらったり、送金してもらうわけにはいかなかった。

私はみんなが出かけたあと、自分の持ち物だけでなく、各班長のふんどしや下着を洗ったり、靴磨き、部屋掃除などをした。食事当番になったときは、上官から「均等につげ」と命令されていたが、班長などにはそっと多めについだりした。起床にさいしても、不寝番に見つからないように、寝床の中でいち早く軍服を身に着け、起床ラッパと同時に飛び起きた。そして点呼前に自分の毛布だけでなく、上等兵の床まであげた。機動演習のときは班長のだけではなく、みんなの水筒を手や肩にいくつもぶら下げ、谷底までひとり水汲みに行ったりした。

とにかく学科のほうは全然なので、人がイヤがることを率先して行なおうと、自分に言い聞かせた。つまりご機嫌取りに徹したのである。

松江歩兵第63連隊入隊のとき

昇級に際してはたいてい、袖の下を使うのが常だったようだが、私にはそんなお金などあるはずもない。上官の世話女房役を演じるのが最良の手段と考えたのである。

思惑どおり、上官への受けは上々だった。二階級特進の上等兵候補としてみんなから可愛がられ、精勤賞も三本もらった。ふつう、班長はできるかぎり自分の班から上等兵を出したがるのだが、私の場合、ゴマすりが功を奏したらしく、各班長の推薦を受けて入隊一年後には待望の上等兵に昇進した。この異例の昇進によって、

『人間、命をかけて物事に取り組めば、どんなことでもやれる』

という自信がついた。それはまた生涯を通じての支えともなった。

精魂を傾ければ、相手も動いてくれる。いや、動かしてみせるという覚悟で、物事にぶつかっていった。以前にも増して行動的になったのは、ひとえにこの時の辛抱がベースになっている。

軍隊では、十日ごとに八銭の手当が支給された。私はそのお金で身の回りの品々をそろえたり、アンパンを買ったりした。金の有り難みが骨身にしみていて、とても無駄遣いする気にはなれなかった。外出許可も取らず、兵舎の中でずっとおとなしくしていた。

入隊してから半年くらいたったある日のこと、一通の手紙が手元に届いた。祖父からである。中を見ると、身体に気をつけろという短い手紙に添えて、五十銭もの大金が入っていた。大好きな酒を控えてこしらえてくれた金に違いないと思うと、目頭が熱くなった。どんな時でも、私のことを見守ってくれた祖父であり、そして母であった。

いつだったか、演習の機動行軍が郷里の近くを通過するというので、昼食時間にでも家に立ち寄る旨、あらかじめ両親に連絡しておいたことがある。ところが、どういう理由からか、上からの命令で突然行軍が中止になった。すっかり意気消沈していたところ、それから数日たった面会

の日、母親がビール一本とひと抱えもある餅を背負って、松江の連隊まで徒歩で、はるばる駒返《こまがえ》峠《とうげ》を越えて慰問に来てくれた。荒島から松江までの汽車賃がなかったのである。

起伏に富んだその山道は、ケモノ道といってもいいくらいの人寂しい道。女の足だと半日はかかる難路である。聞けば、まだ陽も昇らぬうちに家を出発し、やっと昼前にたどり着いたという。ムシ暑い日で、母は顔を真っ赤にしていた。その顔を見るなり、胸が詰まって声が出なかった。この時、心から嬉しそうに投げかけてくれた母の微笑を、観音様のように感じたことである。

教練にまつわり、いくつかの笑い話、失敗談がある。

降下訓練でのこと。運動神経は小さい頃から鈍かったので、屋外での演習は大の苦手だったが、中でも特にイヤだったのがこれ。極端な高所恐怖症で、足が地からほんの三十センチ離れただけでも、もう腰が引けるほどだった。他の連中が次から次へと十二段の高さの櫓《やぐら》に上がり、勢いよく飛び降りるのを見ているだけで、鳥肌が立ってくる。そのためいつも人を先にやらせ、少しでも後へ後へと延ばそうとするのだが、所詮、ムダな抵抗。

観念して、おそるおそる階段を上がっていく。まるで絞首刑にでもあうようで、気分が悪いことこのうえない。てっぺんにやっとの思いで上がってはみたものの、もうダメ。膝が震えてきて、その場にへたり込んでしまった。

「こらァ、足立。何をぐずぐずしとるか。早く飛ばんか！」

班長からいくら怒鳴られても、足がすくんで動けない。冷や汗はタラタラ、膝はガクガク、心臓はドキドキ。

「頼んますから、どうか勘弁してやってくださらんか」

とお願いしたって、もちろん聞き入れてくれるはずがない。

「バカもん、それでも男か！　キンタマ、ついとるだろうが」

そうは言われても怖いもんは怖い。高い所と地震はからっきし。心のなかで、「母ちゃん、助けて！」と何度も祈りながら運を天に任せ、ええいっ、と目をつぶって飛び降りた途端、もろに腰を打って医務室に担ぎ込まれてしまった。情けない。

失敗談その二。

ある朝、服装検査のために二十人近い衛兵が、運動場に整列させられたことがあった。私は衛兵上等兵。直立不動、緊張した面持ちで前列の先頭に並んだ。

「気を付けぇ！」

恐い司令官の検閲に全員がピリピリ。口髭をはやした司令官のいかめしい顔も真剣そのもの。口をぐっとへの字に結んだところが何となくダルマさんに似ている。そう思った途端、急に笑いが込みあげてきた。私は足をつねったり、唇を噛んだりして必死に笑いを噛み殺していたが、どうにも抑えきれない。クックックックッと忍び笑いが漏れ、とうとう見つかってしまった。

「馬鹿もん！」

慌てて駆け寄った司令官に、ドーンと突き飛ばされ、コロコロと一回転。本来なら、その瞬間に笑いなんか吹っ飛ぶはずだが、これがなかなか収まらない。涙はでるわ、腹は痛くなるわ、ますます司令官は怒るわで、服装検査どころじゃない。とうとう営倉に連れていかれ、平手打ちにゲンコツと徹底的にシゴかれた。お蔭で顔立ちが少しよくなったくらいだ。この話はすぐに上官に伝わり、夜には中隊長の部屋に呼ばれた。

「緊張を欠くのにも程がある。不謹慎きわまりない」

と殴られこそしなかったが、コッテリと油を絞られた。

私にはこのように、一度笑い出したり、怒り出すと、ブレーキがきかなくなるところがある。喜怒哀楽が激しかった。いまでこそ、年とともに円みが出てきて、少しは制御がきくようになったが、この種の一番の失敗談がこれである。いまでも、この話をしようとすると決まって、笑いが込み上げてくるのだから、何をかいわんやである。「三つ子の魂百まで」というか、どうも懲りない性分らしい。

入隊二年目の一期（四か月）は初年兵係、その後の二期三期は兵器係と射撃係についた。ほとんど野外演習に出ることもなく、比較的平穏な一年を送った。上等兵になった途端、ズボラを吹き、手抜きに終始した。われながら、その変わり身の早さというか、豹変ぶりにはあいた口がふさがらない。とても偉そうなことは言えない。

上等兵になると、手当は十五銭と上がった。金回りが少しよくなったこともあって、一度、外出許可をとって遊郭に馳せ参じた。女性の顔や匂いに接するなり嬉しくなって、いきなりコトにおよぶのはもったいないと、お互いの出身地や親兄弟のこと、果てはこどもの頃のことまで話し込んでいるうちに、気がついたら時間切れ。時間を延長すればよいのだが、その金がない。慌ただしく手を握って別れるのが精一杯で、結局本懐を遂げずじまい。トボトボとしょぼくれ、街道を退散する羽目になってしまった。

帰り際、彼女から、

「今日はすごく楽しかった。また来てちょうだいね。もっといろんなお話しましょ」

とニッコリ言われたのには、さすがにガックリきた。お蔭で、その日は悶々として眠れない夜を送った。何ともドジな話である。

兵役もあとひと月を残すくらいになると、教練も何もかもうわの空。数字とにらめっこしながら、除隊の日ばかりを指折り数えていた。

そんな中、最後の機動演習が行われ、私もこの時だけは真面目に取り組んだ。その三日目のこと。夜中の十一時に演習が終わり、やっと米の配給があった。みんなクタクタに疲れ、腹もペコペコだったが、これから米を炊くのかと思うと、ひどく憂鬱だった。そこで私は、

「任せといてください」

とヤミのパン屋と掛け合い、アンパンに換えてみんなに大いに喜ばれた。みんなが何を望んでいるか、そういうところの読みに狂いはなかった。もちろん、役得の恩恵にあずかり、パンの何個かを内緒でちゃっかりと頂戴したことはいうまでもない。もっとも、アンパンを食いすぎて下痢になり、尾籠《びろう》な話で恐縮だが、演習中、冷や汗をタラタラと流し、

努力が報いられて待望の上等兵に昇進（右が著者）

「五分間の小休止！」

という号令とともに、人目もはばからずその場にしゃがみ込んだこともあった。出物腫れ物、所嫌わずとはまさにこのことだ。食うものもままならぬ時代だったので、いつも飢餓感に襲われていた。

そしていよいよ除隊という最後の休暇の日。今度こそはと、私は平田に一泊した。そこになじみの芸者がいたからである。先夜の失敗はコリゴリと、二年ぶりの女性の香りに感激しながら、夢のような一夜を過ごした。その時、費用いっさいを彼女がもってくれたのには驚くやら感激するやら。自分の魅力もまんざら捨てたものじゃないと、鼻の下を長くした。

大正十年十一月下旬。

私は二年間の兵役生活を無事つとめあげ、お土産と除隊祝いの杯を買って意気揚々として実家に帰った。村では初めての上等兵ということで、もちろん凱旋気分である。村でも歓迎の旗を打ち振って喜んでくれた。だが、私はそれから十日もたたないうちに、叔父を頼って大阪へ向かうことにした。

「せめて正月くらいは家で過ごしたらどないや」

と家族はしきりに引き止めたが、一日も早く職につき、親を安心させたいというのが、私の素直な気持ちだった。それは入隊中から心に決めていたことでもあった。

大阪までの旅費は裏の孟宗竹を切り倒し、それを竹細工屋に持っていって用立てた。四円近い金になった。その頃の大阪までの運賃は確か、普通三等車で三円ちょっとだったと思う。

師走の風が肌を刺す夜。柳行李ひとつを背負って、私は母とふたりで真っ暗な道をトコトコと荒島の駅まで歩いた。田んぼと山沿いの六キロの道のりだった。途中、母校の飯梨小学校の前を通ったが、あれだけ見るのもイヤだったのに、無性に懐かしさと寂しさが込み上げてきた。兵役を終えた直後でもあり、多少、感傷的になっていたのかもしれない。

その当時、大阪までの直通列車は朝と夜一本ずつあった。私が乗るのは夜中近い十一時の夜行だったので、

「夜道は危ないから見送りにこんでええ。いつまでも子供じゃない、心配せんでええから」

といくら言っても、母は聞こうとしない。道々、

「あんまりバカ正直でもいけん。といって、ずるがしこくても人に嫌われる。都会にはいろんな人がおるから気いつけんといかん」

と心配でならないらしかった。いくら二十歳を過ぎたといっても、親の目にはまだまだ頼りなさそうに映るのだろう。鉱山で失敗したのを目のあたりにしているだけに、よけい気がかりでもあったようだ。計算高くても、根はおっちょこちょいの私の性格を危惧したのかもしれない。

大阪の叔父は小さな仕出し屋で板場をやっていた。店は東区の南本町二丁目にあったが、その場所は奇しくも後年、大阪での私の事業の拠点となる丸全ビルのすぐ近くだった。

私は仕出し屋に住み込み、正月明けのひと月半ほど働いたろうか。それは正式に勤めたというよりも、見習いをかねた手伝い。給料制ではなく、食事をさせてもらうために働いたという感じだった。やめる時にも、手ぬぐい一枚しかもらわなかった。もとより、私には興味のわかない仕事だったが、働くことは厭わなかっただけに、手抜きなどせず真面目に働いた。それが店の支配人の中尾さんの目にとまり、

「いつまでもここにいても仕方ないやろう」

と炭とタドンを商う卸問屋を紹介された。それが事実上、私にとっての初めての奉公であった。

天王寺の東門を出たところにあったその店には、奉公人が七、八人いた。年齢的には私よりも若い丁稚が何人かいたが、先輩、後輩の差で食事と風呂は、私がいつも一番最後だった。食事はおかゆにミソ汁と漬け物。それも洗うのが楽なように三和土《たたき》の上で食べた。タタミの上では食べさせてもらえなかった。風呂は風呂で、炭を扱う商売なので洗い場はすぐに汚れ、あとの掃除がまたひと苦労だった。

店では私は稼ぎ頭だった。マッチですぐに点火できるタドンが出回り始めた頃であり、他の誰よりもタドンを売った。例えば販売先で、女中が火鉢に移すのまで親切に手伝ったりして得意先を増やした。軍隊時代にとったきねづか、人の気持ちをくすぐるのは得意だった。そうした陰で、こっそりと小売りもしたが、大将からは働き者だと気に入られた。

そうこうしているうちに、この商売のうま味を知るようになった。タドンの原料は、木炭や石炭の粉末にふのりなどを混ぜた丸い固形燃料で、原価自体非常に安い。それでいて暖房器具のほとんどない時代、生活の必需品であり、需要は絶えなかった。乾かない内に業者が仕入れて持って帰るほどだった。真っ黒になるのさえ我慢すれば、利益率の高い商売だった。

――これはイケる！

私は、タドンを作る職人から原料の仕入れ方法や作り方を聞き出し、三か月後には自分でやってみようと考えた。すぐに仕出し屋の中尾さんに相談したところ、大乗り気で、

「それは面白そうやな。ちょうどうまい具合に、ワシのもっとる工場が生野中学の近くにある。いま空いとるから、資金と工場は提供するさかい、儲けは折半でいこうやないか」

と一発で話がまとまった。中尾さんは太っ腹で金持ちで、機を見るに敏な商才を持っていた。こうしてタドンの製造に本腰を入れるようになった。私は職人として、また営業マンとして問屋筋を駆けずりまわった。

そんなある日、くだもの屋を覗きながら歩いていたら、向こうからルンペンがやってくる。ヨレヨレのズボンにダボダボのシャツ姿で、顔は真っ黒。何とうす汚い格好をしているのだろうと、見るともなく見ていると、向こうも同じようにこちらを見ている。一瞬、どこかで見たような顔やなあ、と思った拍子にハッとした。何と自分が鏡に映っている姿だった。この時はさすがにショックのあまり声もでなかった。思わず、

「金儲けも楽やないなあ」

とため息がもれた。当時はそれくらいなりふり構わず、顔や身体を真っ黒にして働いた。鼻のなかも爪も首筋も、煤だらけだった。

またこの時期、町を歩いていて、広報板に全国の長者番付が張り出されているのを目にしたことがある。何気なく見ると、三井、住友、三菱といった大財閥にまじって、山陰の名家である田部《たなべ》長右衛門、坂口平兵衛の両氏が堂々と名前を連ねていた。それを見て、郷土を大いに誇りに

思ったものである。

タドンの仕事は期待した通り、大きな報酬をもたらした。というのは、前年が異常寒波で極端なタドン不足となったせいもあって、各卸問屋では去年の二の舞いはイヤと、夏場から注文が殺到したのである。こちらとしては、寒くなって売るよりも、いま売った方が得策。そう考えて、タドンの乾くのももどかしく、片っぱしから売りさばいた。その利益が何と千八百円にもなり、中尾さんとふたりで九百円ずつわけた。それは米百五十俵に相当する金額だった。

私は望外の成功に気を良くした。一刻も早く、親に報告しようと中尾さんの了解を得て、得意満面、郷里に向かった。

実家では私の帰省を心待ちにしていた。事業の成功を知った祖父母、両親の喜びようはひととおりでなかった。中でも母は、

「よう頑張んなさったなあ。もう大阪なんかに帰らんで、こっちで早よう嫁でももろうて孫の顔でも見せてくれ」

と喜びを隠し切れず、しきりに結婚を勧めた。結局、母の懇願に負けて大阪を引き上げることにした。だが、この時もまた、久しく女性には接していなかったので、内心悪い気はしなかった。

こうして地元の娘で、顔見知りの石井松代と結婚することにした。私二十四歳、新婦は十八歳だった。大正十一年のことである。

お世話になった支配人の中尾さんとは、大阪でもう一度一緒にやろうという固い約束をしていたが、それっきりになってしまった。二、三度、こちらから物を送ったりしていたが、だんだんと疎遠になっていった。数年後、仕出し屋を訪ねた時には店はすでに閉じており、行方が知れなかった。タドン工場も訪ねていったが、景色がすっかり変わり、跡形もなかった。当時、まだ幼い男のお子さんがふたりいたように記憶している。「中尾」という名前を聞くたびに、もしやあの中尾さんではと年格好を聞き、人違いだと知ってがっかりしたことが何度もある。恩人のひとりだけに、不義理をしたという後悔の念でいっぱいで、今なお忘れることができない。すでに他界されているに違いないが、御子息の消息でも知りたいものだ。

ちょうどこの頃、ひとつの問題が持ち上がっていた。例の親戚の夜逃げの一件をめぐり、残された田の使用について、地主との間でトラブルが起きていたのである。借り入れていた残りの五俵の米を取り上げられたうえに、田んぼを使わせるという約束を地主が反故《ほご》にして、他へ貸してしまったというのである。両親からその話を聞かされた私は早速、

「田が使えないのやったら、二十俵の米を返してくれ」

と掛け合ったが、全然相手にしてもらえない。そのため、

「二十俵返さないまではここを動かんぞ」

と地主の妾《めかけ》の家の前でワメいたり、本宅の番頭と話し合ったりしたが、いつまでたってもラチ

があかない。頭にきた私は、

「このうえは告訴してやる！」

といきまいたら、あくる日、警察の署長が家にやってきた。

「おまえは大阪でアカに染まっている。けしからん。ちょっと署まで来てもらおう」

と連行され、話によっては逆告訴するぞとおどかされた。裁判になっても負ける気はしなかったが、近所の目もあることだからと、とうとう泣き寝入りすることにした。当時の地主は権力と結びついており、小作人はずっと泣かされ続けてきた。腸《はらわた》の煮えくりかえる思いで当分、寝つきが悪かったが、どうにもならなかった。

だがこの二年後、小作争議が起こり、能義郡小作連合会をはじめ、県下で小作組合の設立が相次いだ。これによって、地主と小作人の関係は大幅に改善されることになる。時代から少しずつ、封建的な制度が消えつつあった。公正妥当な小作料が取り決められ、永久減額が要求された。時代の流れというべきだろう。

この事件は、根っからの百姓である父にとって、さぞショックだろうと見ていると、あにはからんや意外にも恬淡《てんたん》としていた。というのも、アテが外れたために、新たに手がけた茄子の苗木の栽培が思いのほかあたって、何と百二十円近い金を儲けていたからである。これにはビックリした。父もやる時はやるもんだ、と見直した。

私は結婚を機に、これまでの経験を生かして『山陰タドン合資会社』を設立した。広瀬町に長屋みたいな建物があり、そこを工場にした。生まれて初めて持った自分の会社であった。大阪での成功に味をしめ、二匹目のドジョウを狙ったのである。パートナーは野尻利吉さん。数年前の大雪の日、人を雇って木炭を安来まで運び、大儲けした時の例の相かたである。おがくずがタドンになるというので、製材所とも掛け合った。私は営業に、野尻さんは配達に精を出した。

だが世の中、それほど甘くない。都会と違って、需要がはかばかしくなかった。労多くして功《むくい》少なし、というやつである。そのため一年後には、以前やっていた米の仲買いに転じることにした。見込みがないと思えばすぐに、店をたたむのが私流のやり方だった。即断即決をモットーにしていた。こうして地元での最初の会社はあっけなく扉を閉めた。

米の仲買いの仕事は順調だった。当時の米一俵の値段は六円。大地主への出入りもできるようになった。地主と農家から米のサンプルを取り寄せ、それを持って近在の米穀屋へ注文取りにまわった。安来の山長精米所、広瀬の藤井精米所、桑原精米所が主な取引先だった。そこから一俵につき十銭の口銭をもらった。農閑期の十月から三月は地元の荒島や安来、四月から十月にかけては家から荒島まで自転車で行き、そこから汽車に乗って松江方面に出かけた。注文があると、翌日米を仕入れ、ここには五俵、あそこは十俵と、親友の伊之助さんに一日おきに馬車で運搬配達してもらった。これによって社会的な信用も徐々に増すようになった。農家からは少しでも安く買い入れ、米屋からは少しでも口銭を高くもらおうと、商売っ気ばかりではなく、世間話を兼ねてご機嫌伺いを重ねた。得意先が増え、経営状態もすこぶる良好だった。それまでいろんな商売に手を出した私だが、この米の仲買いが一番性に合っていたように思う。ちなみに、藤井精米所の息子さんが現在、山陰放送の社長をやっておられる藤井敏郎さんである。

私は意を強くし、事業の拡大をはかろうと、仲買いのかたわら鷺の湯温泉の近くの道路沿いに、荒物屋つまり一種のよろず屋を開業した。屋号は『足立屋』。両親には農業をやめるように説得し、店を手伝ってもらうことにした。商売は順調だった。父もこの頃には商売っ気を発揮し、どこからか、もち米が不足しているという情報を聞きつけ、

「値が上がるけえ、今のうちに買い集めたらええ」

と私もタジタジの商魂を見せた。案の定、もち米はどこも品不足で値がグングン上がった。私が、そろそろ売ろうかと言ったら、

「まだ早い」

と一喝された。これには恐れ入った。どうやら父には商才が眠っていたらしい。私の商才もあるいは、父の血の影響かも知れない。

私は米の仲買いをやるかたわら、足立屋の評判に気を良くし、品数が豊富でないと商売にならないと、ドサッと商品を仕入れた。しかし、これが裏目に出た。在庫ばっかり増えてたちまち資

金難に陥り、金を借りていた先から差し押さえを食ったのである。品物という品物に赤札が貼られた。私と妻は二十日間、雨戸を閉め、カーテンを引いて、まんじりともしなかった。みっともなくて日中は出歩けず、日が暮れるのを待ってコソコソと出かけた。この時ほど、一日一日が長く感じられたことはない。

私はもともと、性格的にサラのものをやりたがる癖がある。職を替えることにそれほど抵抗感をもっていない。パッとひらめいたら、すぐに行動に移す。そんなわけで、少年時代の車引き以来、これまでに何回も商売を替えてきたが、成功と失敗の繰り返しだった。というのも、ちょっとうまくいくと、すぐに事業を拡大したくなるし、失敗するとこんどは新たな商売を探す。当然、新しい事業にはそれだけリスクも大きいが、もとより、うまくいった時の喜びはまたひとしおである。とにかく、大きな夢を見ることが好きだったので、あまりみみっちい商売は性に合わなかった。

それにしても、鉱山の失敗以来、地元でこうも失敗が続くのは方角が悪いか、それとも名前でも悪いのかと思い悩み、姓名判断してもらった。その結果、いまの全康に改名した。まさやす、と読んでもいいのだが、ぜんこう、と音読みしたほうが響きがいいので、以来ずっとこのまま押し通している。お世辞半分とはいえ、何万人、何十万人にひとりの良い名前だと言われるとうれしくなってくる。

私は、店のほうは父と母に任せ、商品仕入れを目的として再び大阪に出た。そこではバッタ屋と係わりをつけ、倒産した会社や金策に困っているような商店から、安くゴッソリと衣料品を仕入れた。それを広瀬や安来の商店に卸し、一部は自分の店に並べて売った。

数年間、大阪と郷里を行ったり来たりする生活が続く。いわゆるブローカーである。

ちょうどその頃、私は大阪でひとりの人物と知り会った。篠田弥一郎さんである。私よりも五歳くらい年上で、長い間、岐阜で呉服屋をやっていたが失敗し、それで大阪に出てきたということだった。初めて会ったときはまだ店を持っていなかったので、市内の福島に適当な場所を世話したところ、そこでメリヤス雑貨の卸商を始めた。当座は資本がなかったので、毎日のように私のところへ金を借りに来ていたが、だんだんと力を蓄え、そのうち持ちつもたれつの間柄になった。

彼は私と違って計算が非常に確かで、しかも人間的に融通性があり、包容力があった。性格的に相通じるところがあったとみえて、ふたりはすっかり意気投合した。儲けがあるとお互い譲り合うようにして分けた。また、取引先が倒産した時には「うちの支払いは、ええよ」といって相手の肩を軽くたたき、

「それより品物が必要だったら、いつでも送りますからしっかり儲けてください」

と情に厚いところを見せた。自分がかつて倒産したことがあるだけに、人の苦しさや辛さがと

ても他人《ひと》ごととは思えなかったのだろう。とにかく、心のやさしい人であった。以後、無二の親友として二人三脚で、戦前から戦後にかけて様々な仕事をやるようになる。その付き合いは足かけ四十年に及んだだろうか。

いまは既に不帰の人となってしまったが、臨終間際、夜中に電話があったので駆けつけて見ると、私の他には家族だけだった。彼は私の顔を見るなり大きな目をあけ何やら話したい様子だったが、声にはならなかった。私もただ涙を浮かべるばかりでお互いの目をじっと見ているうちに、彼は私の手を強く握りしめたまま、息を引き取った。その時の彼のまなざしは、いまだに私の脳裏から消えることはない。実質的な意味で私が知りえた初めてのパートナーであり、公私にわたる終生の友でもあった。彼と出会ったことによって、商売の付き合いがぐんと広がり、それにともなって取り扱う商品、仕事の幅も飛躍的に増えた。そして三たび、地元に帰って新たな事業を興すことになるのである。

笑顔こそ人生のパートナー

人間はだいたい、ひとりで生きられるものではない。私生活にしても仕事にしても、素晴らしい知己友人がいればこそ、生きる喜び、働く楽しさ、遊ぶ面白さがある。人生において誰と出会うかはそのまま、一生にかかわる問題といってよい。したがって人との出会い、いわゆる一期一会の一瞬を大切にしない人は、人生をおろそかにしているといわれても仕方ないだろう。

相手におべんちゃらを使う必要はさらさらないが、第一印象を良くすることは、良き出会いを生むのに有効な手段だと思う。だから、いつ如何なる時に誰と出会ってもいいように、私は日頃の勉強は怠らなかった。その有効な手段とは何か。笑顔である。

私の考えるところでは、笑顔には生まれつきのものと、社会人になってから備わるものとがあるように思う。つまり、先天的な笑顔と後天的な笑顔である。

一般的に言って、邪気のない子供の笑顔をみて不愉快に思う人はそういないだろうが、おとなの笑顔に嫌味なものを感じるケースは案外多いのではないだろうか。それはきっと、猜疑心だとか警戒心が無意識に表情に表われるためと思われる。人物の品定めを行なおうとすると、どうしても笑顔が硬くなるのは分からないではないが、相手にしてみれば、それはいかにも義理笑いか愛想笑いに見えて、気分がいいはずはない。

私が笑顔を気にするのもこうした理由からであり、そのため若い頃から盛んに笑顔の稽古に取り組んだ。毎日、鏡をのぞき込んでは左右を向いたり、上を向いたり……と、口元を締めては緩め、目尻を下げた。さしずめ顔のラジオ体操といったところである。そうした稽古をつい最近まですっと続けていたが、さすがに好々爺といわれる年齢になったのでやめた。もっとも、この年になってもまだ練習しているようでは、もはや見込みもないだろうが。

人間、四十にもなると自分の顔に責任を持たなければいけない、といわれるが、笑顔はそのうちでも重要なポイントだと思う。今でも、周囲の者に笑顔の練習をするように口を酸っぱくして言っているのだが、なかなか意を汲んでくれない。また始まった、とそそくさと逃げられてしまうのが口惜しい。

私がこれほどまでに笑顔のことを言うのは、そのお蔭でどれだけ人との出会いに恵まれたか、はかり知れないからである。先の篠田弥一郎さんをはじめとして、相次いでやり手と目される人物の知遇を得たのも、初対面の時の印象が良かったからではないか、と考えている。

もちろん、笑顔だけで信用されるほど、世の中そんなに甘くないことくらい重々承知しているが、それでも相手の心を和ませるくらいの効用は十分あると信じている。にっこりと微笑まれて、悪い気がする人はそういないだろう。ましてや、愛敬を美徳とする女性にとっては、笑顔美人こそ幸せの第一歩と言えるようにさえ思う。

大阪で篠田さんを知るその少し前、地元でよろず屋を開業したおり、松江で海産物問屋をやっていた秦儀四郎氏と知り合ったが、氏との出会いもまた多分に、私の笑顔が仲人役になったように感じている。付き合い始めてから何日か経った頃、

「なかなか、ええ人相をしとられますな」

とほめられたことがある。人相とはつまり、笑顔だと思うのである。

秦氏は私の仕事ぶりに目を止め、商売について何かと助言してくれた。よろず屋を両親に任せたまま、大阪に向かうことができたのも、実は氏が陰ながら応援してくれたからである。地元で最初に知った有力な支援者であった。

笑顔で話しかけることを心がけて

大阪に出てから、取引き先を徐々に拡張していった私は、数年間、大阪と郷里の間を行ったり来たりしていた。いわゆる買い出しだが、そのうち商売もだんだんと軌道に乗りはじめたので、再び地元に腰を落ちつけることにした。そしてしばらくは広瀬や安来など、少しでも立地条件の良さそうな場所を見つけては転々としていた。

昭和二年、米子の一等地に進出し、『山陰地

方織維卸商』を始めた。卸商といっても、小売りを兼ねた雑貨屋である。あくまで安売りがモットーだったので、いろいろ名前を考えたすえに『みきりや』という屋号をつけたところ、これが当たった。口込みで店の評判が伝わり、近在の村や町からお客が殺到した。いまはやりのディスカウント・ショップのはしりといったところだろうか。ものによっては客寄せ用に、市価の半値以下の値段で捨て売りした。

私は千載一遇のチャンスと、秦氏に保証人になってもらって、三人の人から百円ずつ、計三百円を融資してもらった。もっと商売の規模を大きくしようと考えたのである。そのためには軍資金がなければ話にならない。秦氏も、商売は大きくやるに越したことはないと全面的に協力を約束してくれた。

だが、この話を知った母は、

「借金だけはやめてくれ」

と泣きついた。母は成功を期待することよりも、失敗することのほうがこわいらしかった。例の鉱山の一件が重いシコリとなっているようだった。私は、絶対そんなことにはならんから、心配せんでええ、と慰め説得したが、それでも不安が消えないらしく、結局何を言っても聞き入れてくれなかった。

たまたまそんな時、大阪の知人から、

「資金繰りに困っている商店がある。在庫の商品いっさいを八百円でなら売りたいといっているが、買わないか」

という話が舞い込んだ。八百円と聞いて、とても手が出ないと思ったが、衣料品が山ほどあるという話に食指が動き、私は取るものも取りあえず大阪へ向かった。

着いてみると、三十個近い大きな洋服箱にシャツや肌着、子供服、作業衣などの衣類がびっしりと詰まっていた。私はひと目見るなり、儲かると判断した。

「あとの五百円は一両日のうちに用意するよって、手持ちの三百円を置いときますわ。あとの発送の手配はあんじょう頼んます」

帰途の列車のなかで、私は残りの五百円をいかにして工面しようかとあれこれ考えた。が、なかなか心当たりが浮かばない。秦氏にもう一度相談するのも気が引ける。さて困ったと思っているうちに、荒島の駅に着いてしまった。

ホームに降り、何気なく〝あらしま〟と書かれた駅の表示板を見た途端、ふとひらめくところがあった。駅の近くに私のいとこと妹の熊野が住んでおり、多少のお金を持っている。しかも世間的にも信用があるので、彼らに声をかけてみよう。そこそこ金を持っているので、話によっては関心を示すかもしれない。

その足で、私はいとこの家を訪ね、お礼はたっぷりはずむからひと口乗らんかと持ちかけた。

そうしたところ、回転の早い彼はすぐに話に乗り、他の何人かに声をかけ、あっという間に五百円を作ったのである。

私は家に帰り、早速この話を伝えたところ、またしても母が泣き出した。

「この子は三百円、もうドブに捨ててきてしもうた。その上に、まだ五百円損しようとしちょる」

これには私もどう慰めていいか、分からなかった。説明すればするほどしゃくりあげて泣くのには、どうにも往生した。

翌日、私は母の手を振り切って、いとこと一緒に大阪へ発ち、商談をまとめた。なぜか、絶対に儲かるという自信があった。思惑通り、商売は期待以上の成果をおさめた。安くて、品数も豊富ということで、場所だけを借りた広瀬の店には客が引きも切らず、わずか一週間で元を取った。旧正月の前だった。

私は約束通り、いとこたちには元金のほか、たっぷりと利息を付けて期日までに返済、これによって周囲の信用も一段と増した。それ以来、必要に応じて借金しながら、商売の規模を少しずつ広げていった。そしてこの時の体験が教訓となって、

『人は一度、きちんと儲けさせれば、次からは喜んで金を貸してくれる』

ということを知った。これを機に、自分を信用してもらうにはどうすればよいか、そればかり

考えるようになった。商売の醍醐味は一にも二にも金を稼ぐことだ。儲けてこそ、商売の喜びも湧く。

　私は免許を取って、オートバイを購入し、卸業にも精を出した。大阪弁と出雲弁を駆使し、広瀬、安来、松江の店々を駆けずり回った。以後、十年近く米子にとどまり、次なる事業のための基盤、蓄えをこしらえた。事業は極めて順調に回転し始めた。

　しかし、私生活の面ではいろんな出来事があった。結婚した翌年の大正十二年に長男の常雄が生まれ、そのひ孫の誕生に大喜びしていた祖父の清蔵が昭和四年二月、老衰のため亡くなった。その三日前には、蓄音機のレコードにあわせてわれわれに安来節を唄って聞かせるほどだったが、床につくなり眠るがごとき八十四歳の生涯を閉じた。人生の中で最初に味わった肉親との別れに、私は号泣した。

妻　松代と

　また昭和六年四月、次男の忠昭が生まれたと思ったら、こんどはその半年後、祖母のモンが亡くなった。八十歳だった。そしてそれから二年後、妻の松代が乳飲み子を残したまま二十八歳という若さで鬼籍に入ってしまった。不治の病とされた結核であった。

私の人生を振り返ってみて、この時期ほど集中して肉親の生と死とに直面したことはない。喜びと悲しみが交互に訪れたが、それまで郷里にはほとんどいなかった私が珍しく腰を落ち着けている間に、これらのことが相次いで起こったのは不思議としか言いようがない。虫の知らせというものだろうか。

それにしても、私の結婚は受難続きだった。最初の結婚は三か月もしないうちに無理やり別れさせられ、二度目は若くして妻を失った。仕事が順調に行き始めていただけに、年端もいかないふたりの子供を抱えての生活は、たとえ私の両親が健在とはいえ、不自由には違いなかった。

もともとが、子供は女房と祖父母、きょうだいに任せっぱなしなのが私で、父親らしきことはサッパリ。それだけに自業自得といえなくもなかった。といって、急に宗旨を変えて良き家庭人になれるはずもない。仕事がすべての私の人生であった。心置きなく、仕事がやれる環境が早急にほしかった。

妻を失って程なく、米子の『錦明亭』という料理屋で仲居をやっていた、顔見知りの女性と同居を始めた。

その女性は私より二歳年上だった。彼女には二十歳近い娘と姑がいたが、私としては店をやっている関係もあって、子供たちの面倒をみてくれる女性がどうしても必要であった。こうして米子の法勝寺町に店を借り、雑貨商を営みながら、私の子供二人を合わせた六人の賑やかな生活が始まった。

彼女には子供たちの面倒とともに、店と会計をみてもらい、娘には店員として、姑には炊事など家のなかの仕事をしてもらった。子供たちもまだ幼いこともあって、わりと早くなついたので、安心して商売に専心することができた。

そうこうする間に、私は彼女だけを連れて大阪に出て繊維卸商を始め、阿波座に待望の店を持った。大阪での拠点がこれによってできた。そこでは親戚の者を五人程雇い、事業も順調だった。大阪と米子を行ったり来たりする二重生活が始まった。はたから見ると、いかにも不便そうだが、根がじっとしておれない性分だけに、かえって生活にリズムが生まれたように感じた。しかし、相変わらず留守がちであったため、子供たちには良き父親とは言い難かったと思う。

この時期、小学校六年生になっていた長男の常雄の修学旅行があり、大阪に行くということだったので、当時大阪にいた妹の安子に、よろしく頼むと連絡しておいた。ところが急に旅行が取り止めになったので、その旨私は、

「常雄、旅行中止す」

と電報を打った。ところがその日の夜、妹が血相を変えて大阪から飛んで帰って来た。

「常雄が死んだって！」

私はポカンとしたまま、何のことやらわからなかったが、すぐに謎解きができた。原因は私の打った電報にあった。妹は、

「常雄、旅行中死す」

と解釈したのだ。電文はカタカナなので、字間のあけかたをひとつ間違えると、こんな誤解を招くというい教訓だった。頭の悪さがはしなくも出てしまった。変則的な生活の中の、忘れられない思い出のひとコマである。

だが、彼女との生活は、そう長くは続かなかった。数年後、信頼しきっていた彼女に、店の金をそっくり持ち逃げされたのである。彼女の娘にはムコ養子をとって、洋裁店まで開かせたりしていたので、この裏切りにはガッカリした。どうしてこんなに女とは縁がないのだろう、と女運の悪さがまたも恨めしく思われた。

もっとも、これには私にも責任の一端がなくはない。というのは、彼女が元働いていた料理屋の、よりにもよって五、六人いた女性の一人とねんごろになり、その女性を米子に囲っていたことが彼女にバレてしまったのである。あるいはそのことが、彼女の遁走の引き金になったかもしれないと思うと、怒りの矛先もつい鈍りがちだった。

新しい彼女もまた、連れ子が一人いたが、器量も良くて若かった。情にほだされやすくて、女性の魅力にすぐマイるのが私の玉にキズ。いい女を見ると、すぐフラフラする。熱しやすいのは

相変わらずだった。良きにつけ悪しきにつけ、女性の話には事欠かない。

私は両親や妹たちに子供をあずけるよりなかった。上は十三歳、下の子はまだ五歳、結婚は当分ごめんという心境だった。が、いつまでも両親に任せっぱなしというわけにもいかない。また両親も再婚を望んだので、三度目の正直を期待して、結婚することにした。相手は、その料理屋で働いていた新しい彼女。私が四十歳の時であった。そしてそれが私の人生にとって最後の結婚となった。妻は政子といった。これでやっと心置きなく商売に集中できる体制が整った。

これより一年後の昭和十五年、私のことをずっと気遣ってくれた母親が亡くなった。享年六十二歳だった。

母の死は、根っからの母親っ子だった私にとって大きなショックだった。晩年の母は相変わらずの働き者で、よく孫の面倒を見てくれたばかりか、『足立屋』を必死で守ってくれた。

棺を前にして、私は在りし日の母の姿を思い浮かべた。学校に行きたくないと言ってムズかる私をなだめてくれたことや、兵役時代に慰問にきてもらったときの笑顔、鉱山事件で失敗したときの悲嘆にくれた顔などが、浮かんでは消えた。

このように大正末年から昭和十五年ごろまで、私生活は冠婚葬祭に多忙を極めた。その中での仕事はやりづらくもあったが、曲がりなりにもどうにかやってこれたのは、何人ものすぐれた事業家に出会ったからである。松江の秦氏、大阪の篠田さんがその筆頭だが、もうひとり、私とは性格が真反対ゆえにかえって波長があったのが、同じく大阪で知りあった松本茂さんである。

松本さんを知ったのは戦前のことで、たまたま彼の店に私が靴下を買いに立ち寄ったのが縁であった。播州（兵庫県）で靴下の製造をやっていたが、商売をしたいということで二十代で船場に出てきたという。私よりも十歳くらい若かったが、度胸が据わっていて頭の中が帳面というくらいに、物覚えがよく計算も速かった。最初は私が、金を用立て、保証人になったりした。彼は、繊維関係の仕事からスタートしたが、その後、私のアドバイスに従って不動産業に乗り出し、吹田などあちこちに土地をもつ一大資産家となった。

私とはとにかく正反対のような性格だったが、何というのか、不思議とウマがあった。せっかちな私にたいして彼はノンビリ屋で、神経が太い。それに株の売買や競馬などの賭け事が好きだった。仕事もよくやるが、それ以上に遊びも真剣だった。時間については彼は全く気にかけなかった。一時間待たせてもケロッとしている。そのため、時間だけはちゃんと守ってくれ、と何度も注意しているうちに、私と会うときだけはどうにか約束の時間に遅れないようになった。

彼はどちらかといえば、みんなと共同で何かをやるというよりも、一匹オオカミ型だったので、私とも仕事を一緒にやることはそう多くはなかった。そういう意味ではむしろ、気のおけない悪友、遊び仲間といった感じかもしれない。

彼はとにかく傑物だった。家に何人もの借金取りが来ているのに、本人は二階で悠然と長唄の稽古に興じていた。肝が据わっているというか、度胸があるというか。泰然自若とはこういう男のことを言うのかもしれない。自慢話をすることもなければ、恨みがましいこともいっさい言わなかった。

しかし、どんなことにも動じないように見えて、実際は気配りの行き届いた細かい神経の持ち主だった。私がちょっと身体の具合が悪かったりすると、何をおいてもすぐに山ほどの手みやげを持って見舞いに来てくれた。また、うまい店を見つけたから一緒に食べに行こうとか、たまにはゆっくり温泉にでも行こう、と仕事しごとに明け暮れる私に、何かと優しい心遣いを見せてくれた。

性格が正反対なのに気の合った松本さん（右端）ご夫妻と

数年前だったか、私が風邪を引き、なかなか治らなかったことがあったとき、

「気いつけなあかん。肺炎にでもなったら大変や。知り合いの病院の特別室をとっといたから、はよう入院しなはれ」

これにはビックリした。漢方薬やら抗生物質やら、はては毛生え薬まで用意してくれる。いささかオーバーな気がしないでもなかったが、そこまで心配してくれる彼の気持ちが有り難かった。無頼派のようにみえて、神経は結構こまやかだった。

手みやげの話で、松本さんにまつわるエピソードがひとつある。

いまから十数年前の話で、私が大阪にいる時分のこと。彼から突然電話があって、これからそっちに行くという。私はその時ふと、彼が手みやげに、マツタケかアナゴを持ってくるような予感がしたが、案の定、彼はアナゴを手にしていた。

「松本さん、ワシはあんたがマツタケかアナゴを持ってくるような予感がしとったんやが、ズバリ当たった。これはいい思い出話になると、喜んでおるところやが、実はいまワシは三億円ほど金をつくらにゃならん。だが、どうしても七千万円ほどたらん。見たところ、あんたは金があまっとるような顔をしちょるんで、ひとつ借りてやってもいいように思うが、どうかいな。手みやげまでもらって、その上金まで借りたといえば、話がいよいよ面白いが」

と言ったところ、

「ああ、あるよ。そんならそうしようか。すぐ持ってくるわ」

金額が中途半端ではないので、ちょっと嫌味っぽい自慢話に聞こえるかもしれないが、ことほどに仲がよかったという一例としてあげてみた次第である。

振り返ってみると、彼から金を借りるとき、私のほうから出向いたことは一度もない。電話で用をすますか、彼のほうが持ってくるのがいつもだった。お互い、よっぽどの信頼関係で結ばれていなければ出来ない芸当であろう。

残念ながら、彼は昭和六十年の暮れに亡くなってしまったが、借金を申し込むたびに「沢山借りて下さい」とニコニコしておられた賢夫人の奥様は健在で、ふたりの娘さんも幸せな結婚生活を送られている。内助の功は絶大である。出来の悪い女房をもつと、一生の不幸というが、逆に出来の悪い亭主をもつと、どういうことになるのだろうか。一度、あの世にいる私の女房ひとりひとりに聞いてみたいものだ。

ひらめき人生の真骨頂

私はよく、ひらめき人間といわれる。次から次へと、およそ突拍子もないことを夢見たり、発想したりするのでそう映るらしい。だが、口に出すときはすべて本気である。いったん口の端に乗せると、もうじっとしておれない。思いついたことはすぐにでも実現したいというのが、昔からの私の性分である。いわゆる、せっかちなのである。

考えてみれば、職業を転々と替えるのも、借金の方便を見つけるのも、また女性を口説くための文句も、一種の思いつきとかひらめきのケースがほとんどだったかもしれない。沈思黙考とか、理路整然といったような理詰めの説得は、どうにも不得意だった。

これは多分、私の頭脳構造と大いに関係があると思う。向学心に燃えた人間なら、それなりの教養を活用できるのだろうが、てんから勉強ぎらいの私には、そんなものいくら逆立ちしたって無理。本だってあまり読むことはなかった。学校で教わったことはほとんど頭に入っていない。となれば、頼りになるのは社会で学んだ実践哲学だけ。人に何といわれようと、そこで培ったカンというか、ひらめきを武器にして世渡りするしかなかった。

もっとも、ひらめきというのは両刃の剣であって、発想に柔軟性があるとか、動物的カンといえば、いかにも聞こえはいいが、衝動的とか場当り的となると、とても威張れるような話ではない。しかも私の場合、どこか成否を二の次にして、気が付いたときにはもうはるか前方を走っていることが珍しくなかったので、失敗が多いのも当然といえば当然であった。急いては事を仕損じる、というようなことはあまり考えなかった。攻撃は最大の防御、を信じて疑わなかった。

人間は物事を行動に移すとき、だいたい三つのタイプに分けられるという。一つは、用心深くてなかなか御輿を上げず、沈思黙考のすえにやっと動き出すタイプ。もう一つは、行動しながら考えようとする現実主義タイプ。そしていま一つは、やってみんことには分からんと、いきなり走り出し、あとから善後策を講じるタイプ。

ちょっと荒っぽい分け方だとは思うが、人間の一般的な性情を知るのには面白い分析の仕方だ。それぞれに言い分が成り立つところが、いかにも人間の幅の広さ、したたかさを感じさせる。

私はこの中のどのタイプかといえば、もちろん一番最後。これはと思ったら、何はさておいても実行しないと気がすまない。猪突猛進の面目躍如といったところだが、それだけに左右が見えず、肩や向こうズネに名誉？の傷を受けることが多かった。にもかかわらず、どうにか今日まで生きながらえてこれたのは、我執にそれほど拘泥しなかったからではないか、と思う。

もちろん、商売に明け暮れた人生だから、人一倍欲は深い。が、強欲に走らず、お互いの利益配分をきちっと守り続けたからこそ、相手や取引先にも信用され、交誼を深めることができたと確信している。儲けを決してひとり占めせず、分かち合う気持ちさえ持っていれば必然的に信用は生まれてくる。と同時に、悪を憎む心意気も大事だ。

昭和十年代の半ば、大阪の阿波座に住み、親戚の者を使って繊維や洋反物などのブローカーをし、かなり儲けさせてもらった。このとき私が気をつけたことは、自分だけ儲けて、人に損をさせるようなことがあっては絶対にだめだということ。相手を儲けさせる気持ち。それさえあれば、トラブルは起きたりしない。きれいごとのようだが、

「自分はつぶれても、相手には絶対に迷惑をかけない」

というこちらの誠意さえ理解してもらえれば、話は八分がた成功したといえる。そのことを社員にも徹底して教えた。

すでに十代半ばになっていた長男の常雄を田舎から呼び寄せ、手伝わせたのもこの頃である。

小学生の長男常雄に商売を教えた頃

長男は島根県人特有の粘りがあり、我慢強かった。こどもの頃から、コンニャクやら、七夕などに吊るす色紙を売って歩かせたりした。

「学校へ行くよりも、商売をしろ」

と小学生に向かって教えていたのだから、とても誉められた親ではないかも知れない。しかし、私の考えでは中途半端な勉強をするよりも、一刻も早く商売を覚えたほうがよほど本人のた

「出雲刀剣株式会社」を設立した頃

めになると信じていた。なまじっかの知識などは、商売には不要である。

私の意を汲んでくれて、長男は頑張った。個人商店ではやはり身内の人間のほうが気心が知れ、何かにつけて安心できる。社員と一緒になって、得意先を回らせた。

だが、時局がいかにも悪かった。太平洋戦争が勃発してからというもの、だんだんと商売がやりにくくなった。そのため昭和十八年には、企業整備によって地元の安来に帰らざるを得なくなった。その時、親友の篠田さん、それに繊維問屋の仲間である松本安太郎氏も疎開を兼ねて一緒に付いてきた。何か新しく商売を興すときはたいてい仲間内でやってきた。ふたりとも公私にわたる親友であった。

帰郷した当初、何をするかまだ具体的に考えていなかったが、ある時、酒の席で日立製作所の鋼《はがね》研究所の技術者と知り合った。安来は戦前から、どじょうすくいと日立金属の町として知られていた。そこであれこれしゃべっているうちに、その男とすっかり意気投合し、いつの間にか金儲けの話になった。

「戦時下でもあり、何かお国のためになること、ないやろか」

と彼に相談したところ、

「陸海軍向けに刀剣を作って納めるのはどうやろう」

と耳寄りな情報を得た。私は同席していた篠田さん、松本氏と目配せして、やろうと誘った。

こうしてその技術者もまじえ、能義郡広瀬町に『出雲刀剣株式会社』を設立、私が社長に就任した。物資不足の時代だったが、刀剣を作るには鉄がいるということで、石州に『たまはがね製鉄会社』も併せて設立、こちらは、松本安太郎氏が社長に就いた。昔からこのあたりは、砂鉄を原料にしたタタラ製鉄業と、銅の採掘と精錬が盛んであった。

刀剣会社には、女子事務員を含めて六、七人の社員がいた。そのほかに地元の広瀬の高等小学校から、学徒動員でいつも少女が数十人手伝いにやってきた。児童たちはそれぞれ農作業を手伝ったり、安来や尼崎の工場に送られたりした。国民総動員の時代だった。

刀を納めるときには、松江の古志原から陸軍の大尉、中尉が数人いかめしい軍服姿でやってきた。そして工場内にワラ人形を立て、タメシ切りを行なったりした。

毎朝、私は紺のスーツに身を包み、みんなを前にして、国家存亡の危機だから一致団結してがんばろう、とゲキを飛ばした。その頃、社歌を募って毎日歌ったのが、

大和刀剣　わが会社
われらがかいな　わが工場
あらゆる困苦に　うち勝ちて
その日その日を　ほがらかに
戦いゆかん　わが友よ
戦いぬかん　もろともに

という戦意高揚にも通じる歌。実は、歌詞のほうはすっかり忘れていたのだが、昨年まで大阪の㈱日美』で事務をとっていた田中千枝子くんが、もの覚えがよくて教えてくれた。奇縁だが、彼女は学徒動員で手伝ってくれた少女のひとりだった。

いま思えば、われわれおとなだけでなく、少年少女たちも一緒になってこういう歌を歌ったのである。辛く厳しい時代だった。

それでも、こと商売となると目の色が変わる私のこと。材料はヤミで仕入れ、十丁納品するところを十五、六丁作って、残りは横流ししてしっかりと儲けた。大砲や鉄砲がなければとても勝負にならない時代、古式ゆかしい刀を細々と作っているのだから勝ち目などあろうはずがない。戦雲は悪くなる一方だった。口にこそ出さないが、気持ちのうえでは敗戦後の商売のことばかりを考えていた。不遜というべきか、したたかというべきか。

刀剣を作るかたわら、地元の山林百七十町歩を八万円で購入したのも、時代の流れ、つまり日本の敗戦を確信したからである。都市が空襲によって焼かれると、町を再建するために建築資材が必要になる。それをいち早く見越しての先行投資であった。木が育つには四十年から五十年はかかるが、いますぐ金にならなくてもいずれは商売になると夢をふくらませた。

事実、このあと山林はグングンと値上がりし、間もなく五十万円で買いたいという人が現れた。少なからず気持ちが動いたが、父に売るなと説得されて我慢した。

私は意を強くし、地元に続いてさらに石州の山林二百八十町歩を、篠田さんと共同で二十四万円で買いつけた。緑したたる山並みを眺めながら、雪だるま式に資産が増えていくようで満ち足りた気分になった。全山、お金の山に見えたものである。

しかし、このもくろみは大きくハズれてしまった。というのは、国内の木材よりもはるかに安い外材が、どんどん入ってくるようになってきたからである。山林の木々は文字どおり、金のなる木から一転して、無用の長物に早変わりした。私はホゾをかんだ。

それというのも、山林を買おうとした時、繊維卸をやっている大阪の知人、小原弥一郎氏から、

「いまなら、大阪のど真ん中の船場の土地一坪がタタミ一畳の値段で買える。こんなチャンスは二度とない。土地を買ったほうがええ」

とさんざん勧められていたからである。その頃の土地の値段はあってないようなものだった。いま、東京などで大きな社会問題になっている地価狂乱など、夢のまた夢のような時代だった。もしその時、氏の進言を聞いていたら、今頃は莫大な資産を持っていたに違いない。

小原氏は、自分でも言っていたとおり、疎開先に隠し持っていた衣料品をそっくり売り払い、船場の土地を買い占めて一躍大資産家となった。先見の明の差をこれほど強烈に思い知らされたことはない。

敗戦の年の昭和二十年五月、三男の幹男が誕生した。

この年、終戦を機にして『出雲刀剣㈱』を改編、『㈱大和利器製作所』と改称した。もはや刀剣など不要の時代になった。敗戦を境に、都会も農村も、生活はいっそう逼迫した。

そんな終戦の年の大晦日、ひと足早く大阪に引き上げていた篠田さんがひょっこり古川の私の実家にやってきた。

「足立つぁん、大阪は一面、焼け野原ですわ。ものがなくてみんな右往左往してる。しかも無警察状態で、ヤミもヘチマもありゃせん。商売をやって儲けるには絶好のチャンスやよって、すぐに五十万円ほど工面して出てきなはれ。ワシはお金はないけど、家だけは焼けずにある。寝泊まりはうちですりゃあええから、早う一緒に商売やりましょうな」

私が借金の名人であることをよく知っているので、元手をつくって早く出てこいというのである。言われるまでもなく、私もいつまでも地元にとどまる気はない。内心、都会に出たくてうずうずしていた。早く土地カンのある大阪に出て商売がやりたい、その気持ちは一緒だった。

私は早速、ひとりの男に目を付けた。彼は大阪で鉄工所をやっており、軍需産業の資金として四百万円をもらってこちらに帰っていた。なかなか面白い男で、折りにつけ小指を立てて、

「頼むから、世話してくれ」

と言うので何度か紹介したりしたこともあって、すっかり気心が知れていた。彼には、軍からトラック一台分の払い下げの綿布があった時、便宜をはかってもらって安く譲り受け、それを売って十五万円だけはすでに持っていた。だから、あと三十五万円、工面すれば良かった。

だが、まさか正月早々借金するわけにも行かないので、松の内が明けて数日経ったある日、彼に借金を申し込んだところ、二つ返事でOKを得た。

「利息はあんたにまかせるわ」

という願ってもない条件だった。ここでも、いかに信用が大事かを知った。

昭和二十一年一月十一日、私は金を工面してひとり大阪に向かった。福島にあった篠田さんの家でしばらく厄介になりながら、五十万円を元手にして一緒に繊維関係の仕事を始めた。

商売はすこぶる順調だった。毎日、一万円の儲けがあり、あっという間に百万円になった。そこで元手を引いた五十万円を分け、私は取り敢えず郷里に帰ることにした。

私はだいたい、田舎を出るときに持って出た金は、再び帰ってくるときには絶対、倍にして帰るんだと自分に言い聞かせていた。転んでもただでは起きない、というのが私の信条である。事実、自慢ではないが、それまで手ぶらで田舎に帰ってきたことは一度もない。

いつもながら金を稼ぐことと、女性に対する興味だけは人一倍強かった。私の仕事の足跡をたどると、必ずといっていいほど女性の影が見え隠れする。この病気だけはどうやら死ぬまで治りそうにない。

大阪から田舎へ帰郷するその日、私は旧円を新円に替え、百円札で七十五万円という大金をトランクいっぱいに詰め込んだ。

銀行員が心配のあまり、

「そんな大金をもって歩くと危険ですから、護衛しましょう」

というほどの札束だった。

私は大阪から汽車に乗った。ところが、山陰線の汽車が京都止まりとなり、そこで足止めを食ってしまった。

まだ寒い頃のことだったので、野宿するわけにいかない。駅前の旅館をいろいろ当たったが、ひとりだとなかなか泊めてくれない。当時は、ひと部屋いくらではなく、ひとりなんぼだったので、部屋が空いていても断わられた。それに治安も悪かったので、素姓の分からない人間をひとりで泊めるようなことはしなかった。

何軒目かの旅館にも冷たく断わられ、外に出ようとした時、入れ違いに品の良さそうな和服姿の中年女性がひとりで入ってきた。顔の表情から、私と同じく宿を探しているらしかった。きっと彼女も断わられるに違いないと思い、外の通りで待っていると案の定、しょんぼりとした様子で出てきた。私は願ったり叶ったりと、

「お見受けしたところ、宿を断わられたようですけど、実は私もひとりということで、何軒も断られて難儀してますねん。まさか野宿するわけにもいかしません。どうでっしゃろ、良かったら連れやということで、一緒に泊まりませんか」

と相談したところ、

「それじゃ、そうさせてもらいましょうか」

と彼女もよほど困っていたのだろう、色よい返事だった。

首尾よく部屋を取ったあと、私は女中にチップを握らせ、金はいくらかかってもいいから、とヤミの酒の用意をさせた。すると彼女、これがなかなかイケる口で、しかも情のある艶っぽい声をしている。私もすっかりうれしくなって差しつ差されつ、飲むうちにいろいろ話がはずんだ。

彼女の説明によると、実家は鳥取ということで、亭主は六十歳とか。裁判所に勤務しており、自分はその後添えで、琴の先生をしているという。言われるまでもなく、着ているものや身のこ

なしを見れば、いいところの奥さんだということくらい一目でわかる。私好みの小柄なぽっちゃり美人で、何ともいえない女の色気が漂っている。

そうなると、私としてもついつい見栄を張りたくなる。実際は、福島の小さな繊維問屋をひとりでやっていたのに、船場でちょっとした会社を経営していると格好をつけ、電話番号もいい加減な番号を教えた。ええところの旦那さんを気取ったのである。

そのうち飲むほどに、お互いほろ酔い気分になる。女中から風呂を勧められ、お互い手荷物だけは絶対に目を離すまいと、ひとりずつ風呂に入った。その間に、女中が蒲団を敷く。床は一つに枕が二つ。彼女はそれを見たとき、ちょっと困ったようなしぐさを見せたので、

「何もせえしまへん」

とは言ってみたものの、そこは大人の男と女。ひとつ床に入ると、なるようになってしまった。

翌朝早く、私は二、三か所に電話をかける用を思い出したので、部屋を出る前に彼女に念を押した。

「このカバンの中には、貴重なものが入ってますねん。ワシが帰ってくるまで、くれぐれもこの部屋から出んようお願いしますわ」

その頃の電話は部屋にはついておらず、わざわざ帳場まで行かねばならなかった。たまたまわれわれが泊まった部屋は、離れみたいなところだったので、そこまで行くのに時間がかかる。し

かも、当時の電話はすべて交換手を通して行なっていたので、よけい手間取った。

そのため、部屋でずっと待っていた彼女だったが、途中、さすがに生理現象には勝てず、トイレに立ったらしい。ほんの何分か部屋を空けたそのスキに、私のトランクではなく、彼女のワニ皮のハンドバッグが盗まれてしまった。聞くと、三千円近い金が入っていたという。

彼女はすっかりしょげ返り、青ざめていた。先程までの夢のような世界がよけい気持ちをさいなんでいるふうでもあった。私としても責任の一端があるので、知らんふりはできない。彼女に五千円を渡したところ、地獄に仏のような顔をして、

「必ずお返しいたします。ほんとうに何とお礼を言っていいやら。有り難うございます」

と深々と何度もお礼を言い残して、朝一番の汽車で帰っていった。それが最初で最後であった。

私好みの女性だっただけに、別れたあと、いまごろは教えた番号に電話をかけてきているんじゃないかと、いつまでもうしろ髪を引かれた。正直に番号を教えておくんだったと、どれだけ悔やんだことか。私の人生のなかでも一、二を争ういい女だった。いまもって、こうして覚えているくらいだから、無念のほどが分かっていただけよう。女にはそこそこ手が早かったが、肝心なときはいつもドジばかり繰り返していた。

だが、浮気性のわりに、私はこれまで自分のほうから女性を振ったとか、捨てたということは一度もない。すべて納得ずくか、死に別れ、あるいは女性のほうから去っていった。それだけは、

イヤな思いをせずに済んだと、自分でもホッとしている。

それにしても人間、嘘はつくものではないと、この時あらためて悟った。最終的には自分が苦しむだけだ。一度ついた嘘のために、引っ込みがつかなくなり、場合によってはずっと気に病み、さらに何倍もの嘘をつかねばならない。愚かなことである。嘘をついていいのは、奥さんに隠れて浮気をするときくらいのものだ。

このように欲得話のあいまに、女性に色目を使うことだけは忘れていないのだから、私の生活はいつもなにかに追われているようで忙しかった。郷里では、刀剣の会社やタタラの会社の残務整理に追われた。

この年の十月、大阪から疎開して以来、ずっと郷里に残っていた長男が結婚した。二十三歳だった。息子とはよく花見の季節になると、夙川あたりに繰り出したものだ。花見といえば、サンマに大根おろしのようなもので、ケンカが付き物。直情径行型の私は、口よりも先に手が出るタイプだったので、よくトラブルを起こした。売られたケンカは買わずばなるまい、というわけである。

相手と向かい合った瞬間にはもう数発のゲンコツが飛び出しており、次の瞬間には脱兎の如く一目散に逃げ去る、というのが私のケンカのパターン。その点、息子のほうはおっとりタイプなので、もっぱら取っ捕まって殴られる役が多かった。そのため、

「おやじとはもう二度と、花見には行かん」

とぼやいていた。息子ひとりを残して自分だけサッサと逃げ出すのだから、親の風上にもおけない身勝手さである。猛省、猛省。

翌昭和二十二年、『㈱大和利器製作所』を譲渡したのをきっかけに私は郷里を去り、いよいよ本格的に大阪に腰を据えることにした。

焼け跡の大阪市内を終日、自転車で走りまわる生活が始まった。何しろ、生き馬の目を抜く大阪商人の真っ只中で生き抜こうとするのである。腰掛け気分ではとても成功はおぼつかない。人の三倍といわず、五倍も十倍も働いた。

昭和二十四年十一月、私のその後の拠点ともなる『丸全繊維㈱』という綿布問屋を、船場の唐物町に興すことになった。

思えば、車引きによって商いの第一歩を踏み出し、やがて兵役を終える間もなく大阪に出てきて、実に三十有余年の歳月が流れていた。

この間、福島と阿波座に店を構えた時期もあったが、気分的には根なし草のような生活だった。だが、こうして問屋と金融のメッカ、船場に店を持ったことで、いよいよ商売にも熱が入り、社会の信望も一段と増したように感じた。商人としての私の正念場であった。

船場時代の苦折迷悶

子供の頃、勉強ぎらいな私が唯一好きだったのが、図画だということは前にも話したが、社会に出てからというもの、長い間、商売に追いまくられて美術のことなど考える余裕はまったくなかった。趣味は金儲け、というくらいに、芸術などとは無縁の無粋な毎日を送っていた。

人間、心にゆとりがなければいい仕事はできない、とはよく言われることだが、それは人の性格にもよるだろう。私のような騒々しい人間は、かえって何かに追っかけられているときのほうが、いい知恵が浮かぶ。窮すれば通ず、というやつだ。

もっとも、そうだからといって、子供時代の絵心が消え失せていたわけではない。ただ、忙しさのあまりちょっとの間、冬眠していたに過ぎない。

久しく絵のことなど忘れていた私だったが、昭和二十二、三年ごろのこと、心斎橋通りを自転車で走っていると、焼け跡にあるバラック建ての骨董屋に二点の掛軸が掛かっているのが目に留まった。一点は日の出を描いた作品、もう一点は富士を描いた作品だった。

私はこのうちの日の出の絵が気にかかり、自転車を止めた。作者の名前を見ると、横山大観『蓬萊山』とある。これが実は、私と横山大観の絵との最初の出会いだった。作品の大きさは二尺五寸、値段は八万円だったと記憶している。

その当時、船場の土地が坪三千円だったから、二十五、六坪は買える金額である。とても手が出る値段ではなかったが、見れば見るほど欲しくて仕方ない。それで毎日、暇をみては何遍も自転車で通った。

中国の史記によると、「幻の山、蓬萊山には仙人が住み、不老不死の薬がある……」とされる霊山だが、とにかく、じっとその絵を見ていると、胸がすうっとするような何ともいえない荘厳な気持ちになる。そんな体験は生まれて初めてだった。絵の魅力というか、大きさというものが何となく分かったような気がした。ちなみに、隣にあった富士の絵は橋本関雪で、値段は同じく八万円だった。それも好きだったが、どちらか一点となると、やはり大観がいい。

私は腕組みし、その場に坐り込んだ。何とかならんかとあれこれ思案したが、どうあがいても所詮、ない袖は振れない。泣く泣く諦めざるをえなかった。ところがそうなると、ますます所有欲の募るのが人情。逃した獲物が日増しに大きく感じられてくる。

私はまなじりを決し、

「いつか必ず大観の絵を買ってやるぞ！」

と固く心に決めた。横山大観との絆はこうして生まれた。

それから間もなくして、私は大観の一冊の画集を手に入れた。昭和十五年に皇紀二千六百年を祝して開かれた〈「海に因む十題」「山に因む十題」展〉の図録である。

この展覧会は、大観が五十年にわたる画業のすべてを注ぎ込んだ記念碑的な個展といわれてい

るが、確かに日本国を想う作者の、気宇壮大な気迫が作品一点一点にみなぎっている。作者みずから、

「絵の巧拙よりも気持ちを見て戴きたい。日本人として誰でも持つてゐる筈の気魄が、あの絵に出て居れば本懐である」

と語っているほどだ。

この海と山を題材にして描いた二十点の作品は、一幅二万五千円で希望者に売られた。その頃、大観の絵の相場は、いいもので一点三千円くらいだったから、破格の値段であった。しかし、作品はアッという間に完売した。絵の売上総額五十万円をそっくり陸海軍省に寄付、その金でもって戦闘機『大観号』をつくるという美談が、人々の共感を呼んだのである。日本国を想う横山大観ならではの発想であろう。この展覧会を潮に、大観の名前のみならず、絵の相場も一気に上がったという。

これら二十点の作品は、私にとっても忘れ難いものとなった。図録とはいえ、大観の着想、表現力の凄さがヒシヒシと伝わってくる。中でも、山十題の中の『雨霽《は》る』という作品を見た時には、ゾクゾクッとするような何ともいえぬ深い感動を覚えた。あまり気に入ったものだから、画集を切り抜いて木製の額に入れ、十数年間ずうっと自分の部屋に飾っておいた。後にも先にもこれほどの期間、複製の絵を飾っておいたことはない。名画というものが持つ底力を教えられた気

分だった。

実は、この『雨霽る』とはそれからおよそ三十年後、劇的な出会いをすることになる。その話はまたあとでゆっくりと述べることにするが、絵との出会いもまた、人間のそれと同じく人生行路の道々に咲き競う花々といってもよいだろう。

私と大観とは、こうして徐々に縁《えにし》が深まっていったが、大観の絵を初めて購入したのは、『杜鵑《ほととぎす》』という、たて長の二尺くらいの掛軸で、それが私の大観コレクションの第一号である。昭和三十二、三年だったと思う。価格は確か二十五万円だった。湖水の上を杜鵑がすうっと飛んでいる図は、いかにも静かで品があり、自分でも気に入っていたが、のちに事情があって手放してしまった。その後、なんどか手を尽くして探し回ったが、再び巡り合うことはない。これもまた運命というものかも知れない。

こうして絵に対する興味が昂じるにつれて、商売のことにも一段と熱が入るようになった。精神的な充実感は人生に張りを生み、生きがいをもたらす。

昭和二十四年十一月、私は大阪の船場唐物町三丁目二十番地に『丸全纖維㈱』という綿布問屋を設立し、代表取締役に就任した。その店は丼池《どぶいけ》問屋筋の角地にあり、土地は約三十坪だった。建物は現在、テナントのひとつとして衣料店に貸している。交差点に面した斜角の上壁に、丸い円の中に「全」の字を入れた商標マークが、いまなお朽ち果てることなく金色に輝いているのを見ると、何とも懐かしい。

私は繊維の仕事と同時に、副業として金融業や外車の販売にも手を出した。それに伴って田舎から、結婚したばかりの長男一家を呼び寄せ、一緒に仕事を手伝わせることにした。私と妻は船場の店の二階に住み、息子たち家族は東成区今里に住んだ。

Aという男を雇い入れたのはこの二、三年前だったかと思う。Aは口八丁手八丁のやり手で、頭の回転が早く商売のカンも悪くないので、私は主要な仕事のいっさいを彼に任せた。先々は私が会長になって、彼を社長にしてもよいとまで考えていた。

期待通り、彼はバリバリ仕事をこなした。仕入れ先にも率先して足を運び、業績を伸ばした。ところが、間もなく私は大変な煮え湯を飲まされることになる。

もともと、私はひとりで事業をやるタイプではない。いつもパートナーなり、優秀な社員に囲まれていないと不安に思うタイプである。とりわけ経理にはうとかったので、人に任せざるを得なかった。数字そのものには強かったが、帳簿のこととなるとまるで自信がない。頭のどこかに、劣等児としての意識が働いていたのかもしれない。そのためわりと単純に人を信用する癖があり、しかも一度信用するとトコトン信じるほうなので、その結果、何度も裏切られたり騙されたりした。

お人好しといえば少しは浮かぶ瀬もあるが、ありていに言うと、ちょっとおめでたい口なのである。だいたい、人を騙すやつが一番悪いに決まっているが、騙されるほうにも若干の油断、隙がないとは言えない。私がそのいい例であった。しかし、負け惜しみではなく、騙すよりも騙されるほうが良心の呵責にあわないですむ分だけ、いくらか目覚めは良いに違いない。

繊維関係の仕事はうまく時流に乗り、経営内容は極めてよかった。戦後しばらくは、繊維業界が日本経済をリードしたといってもいいくらいに、船場の町は活況を呈した。ヤミもヘチマもない時代だったので、金儲けするのには絶好の時代。蓄えが増えるにつれて、あちこちに土地を買ったりして不動産事業にも徐々に手を拡げていった。

繊維会社に続いて、昭和二十六年五月には『尼崎自動車工業㈱』という外車の輸入販売会社を購入し、取締役会長に就任した。当時、日本人は規制のために外車が持てず、販売先はもっぱら進駐軍の兵隊とかむこうのバイヤーだったが、一度に数台きりしか入荷しないので、車が入るとたちまち買い手がつき、こちらの仕事も順調そのものだった。

だが、何十台かを売りさばいたあたりで、ほぼ購入者が底を尽き、途端に需要がパッタリと落ち込んだ。

事業を続けるためには、車が入荷するたびに銀行に、ＬＣという一種の保証金のようなものを新たに組まねばならず、次第に行き詰まってきた。

頼みの綱は、いっ時も早く日本人にも外車が持てる法律が制定されることだったが、そういう情報はいっこうに入ってこない。外国人に意見を聞こうにも、英語が話せないのでどうすることもできない。

そんな時、元国会議員で、東京でタクシーや定期バス等の運送業を経営しているという男が現われ、さかんに自動車会社を手放さないかと言ってきた。その時、Aもまた、

「これ以上、赤字を出すわけにはいきません。それに第一、世間体が悪いですよ。はよう手放したほうがええと思います」

としきりに譲渡を勧める。私の本心としては、もう少し持っていたほうがいいのではと考えていたが、周りがやいのやいのとうるさいので結局、翌年の五月、しぶしぶタダみたいな金で売却することにした。会社を設立してわずか一年後のことだった。

ところが、それからわずか三か月後に法律の改正があり、日本人でも外車が持てることになった。その途端、それまでは原価を割った十五万円でも売れなかったのが、一台八十万円でもすぐにプレミアがつくほどの人気を集めた。そのときの私の悔やしがるまいことか。あとほんの少し待っておれば、濡れ手に粟の金が懐に入り込んだのである。しかも、その会社は国道沿いの千五百坪の敷地付きだっただけに、なおのこと自分のお人好し加減と読みの甘さが悔やまれた。当時の金で、ざっと一億円を超える金を儲け損ねたのである。

このほか、私がプライベートにやっていた『平和産業』という会社では、丼池新通りに繊維関

係の小売業者二十軒ほどが入ったテナント専門の二階建て家屋を所有していた。入居者の権利金だけで、土地と上物をまかなった収益抜群の賃貸ビルで、家賃がそっくりそのまま利益になった。

「丸全繊維は最近、あまり本業のほうに熱心やない、とみんなが噂しています。不動産のほうがよっぽど面白いんやろう、と。私もそう言われると、何と言って答えてよいか。とにかく、商売がやりにくくて往生しています。丸全繊維が大事だと思われるなら、ここは何も言わないで売り払ってください」

と、これもいいようにそそのかされて、結局テナントとして入っていた一軒の繊維業者に安く売却した。

それでも私は、『尼崎自動車工業㈱』を手放した翌二十七年九月に、大同生命保険相互会社と共同出資で『新大阪土地㈱』を西区肥後橋に設立した。土地はかたいと思い、大同生命の益邑健氏（前取締役会長）に相談したところ、私を信用してくださって、一緒にやろうということになった。以来、今日に至るまで氏には、金の出し入れやら儲けの情報などについて、良き相談相手として全面的に協力していただいている。

この『新大阪土地㈱』を設立した時、事務職員として帳簿付けなどを手伝ってもらったのが、現在『㈱日美』の社長をやってもらっている服部律さんである。『角倉綿業』という紡績会社の工場長だった、彼女のお父さんが私の仕事上の知り合いだったこともあって、学校を卒業と同時に会社に来てもらった。何事もテキパキとこなすので、大同生命の会長も、「自分もこれまで随分女の子を使ったが、入ってくる早々、こんなにテキパキと率先してやる娘は見たことがない」

と絶賛した。事実、彼女は女性にしておくのがもったいないような才覚を示し、私の目を見張らせた。時期的には、もうひとつの会社『丸全繊維㈱』がゴタゴタしている最中であり、ともすれば落ち込みそうな私を折りにつけて励ましてくれた。

それにしても、Aはおだてに乗りやすい私の心をくすぐり、

「社長ともあろう人は、やはり相応の家に住まんと格好がつきません。美章園にちょうどええ物件がありますので、そこに移られたらどうですか」

という。勧められるままに、私は船場の会社の二階から美章園の邸宅に移り住んだ。だが、その家は私名義ではなく、会社名義だったことを後年、家を手放さざるを得なくなったときに初めて知った。その反対に、彼は自分の買った家は、会社から購入資金を借りているのにもかかわらず、ちゃんと自分名義にしていたという。

来館された大同生命益邑健氏ご夫妻を案内して

彼はまた、綿布相場にも手を出し、たちまち会社に大穴をあけてしまった。その挙句が、

「会社に迷惑をかけましたので、責任を取って辞めさせてもらいます」

と、悪びれた様子もない。

「会社からすべてを任されておった人間が、損をかけたから辞めさせてもらうとは何事じゃ。その損を穴埋めして辞めるんならまだ分かる。そんな無責任な話があるか」

と私がいくら説得しても、独立してしまった。

そして、

「こんどこれからやる会社がほんとの会社ですから、丸全にはもう売ったらいけませんよ。足立さんにはうちの会社の会長になってもらうことになってます」

と得意先に言って回った。

もちろん、私を会長にするという話は空手形。

私はAが作った損害を穴埋めするために奔走した。先ず、私生活から改めようと、住み始めて二年足らずの美章園の邸宅を、映画『君の名は』で一世を風靡した松竹の大谷竹次郎氏に売却することにした。このとき、氏はどういうわけか応接セットはいらないと言われたので、船場で同業の仕事をしている知り合いの小原弥一郎氏に、買わないかと声をかけた。そうしたところ、

「それより、これから住むところはどないするつもりや」

とそっちのほうを逆に心配された。

「どうもこうもない。家内とも相談して、アパートを借りて一から出直すつもりや」

「それなら、船場に百五十坪の自分の家が空いている。いつかは売るつもりやが、当分その予定はない。遠慮はいらんから、お前そこに入っとれ。使ってくれればワシもうれしい。他の者なら貸さんが、お前だけは別だ」

邸宅と呼ぶにふさわしい美章園の家で妻政子と

「それならそうさせてもらおか。家賃はなんぼ払えばええ？」

「何を言うとる。家賃を取るんやったら、貸しゃあせん。そんなもんはいらん。そのかわり、家を売る段になったときは出ていってくれや」

　というような、とんとん拍子の話だった。

　帰ってから早速、家内にその話をしたところ、

「そんなタダで借りるよりも、安いアパートを借りてちゃんと家賃を払いながら暮らしたほうが、よっぽど気楽でええんと違いますか」

　と諭された。さすがわが女房、ええことを言うわいと感心したが、だが待てよ、と私は考え直した。

タダより高いものはないとはよく言うが、お前だからタダで貸してやるというのは、信用されればこその話であろう。折角の好意を無にするよりは、好意を有り難く受け止め、あとからそれ相応のお礼をすればよいではないか。私は女房を説き伏せ、小原氏の好意に甘えることにした。信用にまさる友情はない、と考えたのである。

借家時代、心労のあまり胃と肝臓を悪くしたことがあった。その時、どこでどう聞いてきたのか、Ａが心配そうにやってきて、

「東京にええ病院を知っていますので一緒に行きましょう。私でできることなら何でもしますから、遠慮なく言ってください」

と相変わらずの調子の良さであった。精神的にも肉体的にもボロボロの状態にあったため、こんどこそは彼も分かってくれたのだろうと思って、

「ワシはいま、こういう状態や。動こうにも、よう動かれへん。お前とこの会社とワシんとこと、一緒に見てくれんか」

とワラにもすがる思いで頼むと、

「何を水くさい。任しといてください。私があとはちゃんとやりますから」

と私の手を強く握りしめ、

「早く元気になってください。社長にはどれだけお世話になったことか。いまの私があるのも社

長のお蔭です」

病床の身にあっては、こういう話をされてはひとたまりもない。地獄に仏とまで、ついつい信用してしまうのであった。ところが、彼はいつまでたってもいっこうに腰を上げる様子がない。

「早うせんと、商売が成り立たなくなる」

と催促すると、

「いま、いろいろと動き回っているところですが、お宅の営業マン、二人いますわね、辞めさせるわけにはいかんでしょうか」

と言う。理由を尋ねると、

「会社の内情を調べてみると、高給を払う余裕なんか、ないんですよ」

「そやけど、二人が辞めると、営業する者がいなくなる。それじゃあ、商売がやっていけん」

と反対したが、Aはあとは自分がやりますから、と強硬に主張するので、二人の社員にはそれぞれお得意さんを付けて独立させた。さあ、これでやってくれるかと見ていたら、依然として何もしない。そこで改めて詰め寄ると、

「いろいろ手を尽くしましたが、やはりどうにもならんのです。あと始末なら、手伝わせてもらいます」

これにはさすがの私も、怒り心頭に発した。会社をつぶすつもりなら、最初から相談したりし

ない。

「人を馬鹿にするのもええ加減にせえ！」

私は机を叩きこわさんばかりにして怒鳴った。

結局、私と家内は小原氏が提供してくれた一軒家に三年ばかりお世話になったあと、上本町六丁目（通称上六）の路地を入ったところに家を買い、それを機に、東成区に住んでいた息子の家族と一緒に暮らすことにした。昭和三十一年のことである。

息子夫婦にはすでに子供が二人いたので、大阪に出てきて以来、初めて親子三代の世間並みの家族構成が生まれた。ちなみに、二人の孫――長男の足立隆則は足立美術館館長、長女の大久保説子は学芸員の資格をもち、当美術館と深く係わっている。

上六のその家は、二階建ての建物がコの字型に連なっていたので、離れふうの部屋と二階の一角に新たな出入り口を作り、二世帯に賃貸した。家を買ったといっても、Aから受けた打撃はあまりに大きく、少しでも生計の足しにしなければならなかった。世間体など構っておれなかった。あまり辛くて寝つけないので、ある晩、ウィスキー一本を空けたところ、三日三晩、ウンウンうなって寝たきりだった。また気晴らしに歌でも歌ってやれと三波春夫の『船方さんよ』のレコードを買って来て特訓したが、逆にオンチを再確認させられることになり、まさに踏んだり蹴ったりであった。

美章園の家を処分した時、彼にも自分の住まいを処分し、借金を払うよう何度も催促したが、売れたら払います、すぐやります、と何だかんだと言ってはその場を逃れ、結局とうとう払わずじまいだった。

その頃、郷里の能義郡広瀬町布部の百八十町歩の山林が、何の事前通告もなしに地元の銀行から突然、差し押えを食らったのである。山の入り口三か所に、差し押えの看板を立てられた。支払いが三か月遅れたこともその一因だったが、調べてみると、Aが、

「丸全繊維が危ないらしい」

という噂をあちこちにバラ撒いたのを真に受けて、銀行が当事者の私どもには何の事情も聴かないで、いきなり直接行動に出たらしい。銀行も銀行である。きのう今日の付き合いではない。私は銀行にどなり込んだが、担当の常務は居留守を使ったきり、奥に引っ込んだまま出てこない。

「常務、出てこい。金貸しでもこんなことはせんぞ！」

私はそれからは支払い日にはきちんと金を用立て、

「お前んとことはもう二度と取引きせん」

という捨てぜりふを残して取引きを断った。

また、地元にかかわりのある話で、大同生命の協力を得て始めた『新大阪土地㈱』の株を、地元の人たちにも持ってもらっていた。だが、しばらく株主配当が出せないでいたところ、

「株を売りたいので、引き取ってくれ」

と言ってきた。

私は難渋した。金額が半端な額ではなかったので、益邑氏に相談したところ、奈良県の財閥で、山林王として知られる岡橋清左衛門氏を紹介された。お会いしてみると、岡橋氏はさすがに貫禄が違った。心が大きくて理解も深く、話も早かった。

「株はそっくり引き受けましょう」

という願ってもない返事だった。氏の父君は、南都銀行の頭取をやるほどの偉い方だったが、その子息もまた、凡人には思いもよらない度量の大きさを示された。私は、株価の額面にプレミアをつけて支払うことができた。

氏には、当館の白砂青松の庭に置いてある灯籠をいただいたり、富岡鉄斎の横幅『蓬莱山』を無理を言ってお譲りいただいた。今日の私を語るうえで忘れられない恩人の一人である。

Aの背信を私は、誰にも言えなかった。話せば呆れて仕事の上での大切な人達が、私から逃げるのではないかと一人苦しんだ。美術館ができて何年かした頃、彼の長男の結婚式があり、私にも出席してもらいたいと言ってきた。一番いい席を用意しているので是非、とのことだった。

すべてに寛容になってきた私だが、彼だけはどうしても許すことができない。とにかく、彼と出会ってからの約十年間、私は後ろ向きで全力疾走せざるを得なかった。いま振り返ってみても、人生のなかでも最大のピンチであったように思う。

こうした受難の時代、私は松本茂さんや服部さんと一緒に『㈱平和観光』という会社を作った。昭和三十三、四年の頃だった。私自身、手負いのイノシシではあったが、闘争心だけはまだまだ失せていなかった。食べ物専門のフード・センタービルを梅田の繁華街に建て、テナント業を営んだのである。一階から四階まで、全部飲食店で埋めようというのがその計画であった。

この狙いは、立地条件の良さも手伝って、最初こそどうにか順調だったが、そのうち建物の設計などに問題が起こり、数年後にはビルを売却する羽目になった。この間、服部さんにはただ働き同然で頑張ってもらった。ビルはその後、全階喫茶店に改装され、大繁盛した。頭の使い方しだいで、こうも差が出るという見本のような話である。

振り返るに私の場合、着想はそれほど悪くないのだが、どうも何かが抜け落ちることが多い。ここでも性急な行動と、こらえ性のなさが墓穴を掘ることになった。

やはりこの頃、手がけた事業の一つに金融業があった。高利貸しでも銀行でもない、その中間くらいの金融業なら面白いだろうと、これまたアイデア先行型で始めた。その時、引き合いがあったのが大阪は南にあったB産婦人科病院である。表向きには立派な構えだったが、経営内容は火の車という病院であった。

院長室に入ると、無精髭を生やした初老の男が白衣を着て、しょんぼりと机に座っていた。

「ちょっと資金繰りに困って、うっかり暴力団関係の金を借りてしまいましてなあ。おどされ、どなり込まれて、どうにも往生してるところなんですわ。お宅の方から融資してもらえれば、それはどんなに助かるか」

私は病院長の困りきった姿に同情し、四千万円を融資した。根が正義感の強いほうだけに、苦境にある人間を放っておくことはできなかった。

金を融資して第一回の返済は、約束通りに支払われた。ところが、二回目からはウンともスンともない。全くの音無しだった。慌てた私は院長に詰め寄ったが、最初に会ったときとは表情も態度もガラリと違って、

「ないものはどうしようもありませんな」

と開き直りの一点張りだった。

事態の異常に気付いた私は、その道の人に相談したところ、

「相手には社会的なメンツがある。破産宣告をすると言えば、支払わないわけにはいかんでしょう」

と教えられたので、その通りにしたところ、

「できるものならやってみろ」

と全く動じる気配がなく、逆に凄まれたので、さすがの私も堪忍袋の緒が切れた。裁判所に破

産宣告の申立てを出した。ところが、相手は待ってましたとばかりに、争うことなく破産の宣告を受けた。破産したものに支払い義務はない、と法律を逆手に取ったのである。土地や建物を差し押えようにも、院長の弟の名義になっており、どうすることもできなかった。彼らは取り込み詐欺の常習犯だったのである。

上には上がいるものだと、この時、私はあらためて世間の怖さを思い知らされた。そして自分には金融業は向いていないと痛感した。金貸しよりは、金借りのほうが私には向いている。

金にまつわる話でもう一つ、忘れることのできないイヤな思い出がある。不動産会社をやっている男で、Cという知り合いがいた。その彼がある日、今すぐどうしても金がいる、と訪ねてきたので、彼が書いた約束手形を担保として、金を用立ててやった。

ところが、約束の返済期日を過ぎてもいっこうに金を持ってこない。そのため、手形を銀行に持っていったところ、実印を捺す場所が巧妙に外されていて、結局換金できなかった。私としてはてんから信用していただけに裏切りが許せない。知人に、どう取り立てたものか相談をした。

すると知人は、

「Cは名うての悪なので尋常の方法ではとても無理。ここはワシに任せろ」

という話になった。いつになく自信を込めた口ぶりだったので、私も安心していたところ、それから数日経ったある日、突然警官がドヤドヤやってきて、いきなり、

「暴力行為で逮捕する」

これには私もビックリ仰天。まさに青天のへきれきというやつである。普段は勇ましい口をきく私も、警官の迫力に圧倒されて、ただオロオロするばかり。

「理由を聞かせてくれませんやろか」

と聞くのがやっとだった。そこで警察が読みあげたのが、

「Cという人物にヤクザを差し向け、暴力を振るわせたかどだ」

何てこっちゃ。知人の「任せろ」は、ヤクザを使うことだったのである。まさに、口あんぐりで、私は声も出なかった。

私はこうして、大阪は港署の留置場に一週間ブチ込まれ、そのあと拘置所に護送されて、結局二十日間拘留された。もちろん、生まれて初めての鉄格子生活である。人格も何もあったものではない。素っ裸にされて、身体の特徴をチェックされるわ、人格は無視されるわ、と散々な目に遭った。名前はもちろん、呼び捨てである。

四畳半くらいの板敷きの部屋に、私は五人のウサンくさそうな男たちと一緒に詰め込まれた。装飾性は全くのゼロ。トイレがひとつあるだけだった。だが、ガラス張りなので、外からは丸見え。とてもではないが、並みの神経では用を足せない。みんなが日光浴している間に、体調の悪さを訴えて、やっと用を足す始末であった。

留置場の生活はそれはひどいものだった。シラミがウヨウヨおり、風呂も汚くてとても入る気にはなれない。悪臭にも往生した。しかし、それ以上に悩まされたのが、まわりの人間。ヤクザ、コソ泥、詐欺師、傷害沙汰の人間と、各房に入っている人間はみな似たり寄ったりだった。私も入ってしばらくは、随分と嫌がらせを受けた。が、ある日を境にして、雲行きが一変した。同じ房にいる男たちが私のそばにやってきて、

「足立さん、そんな隅っこにおらんで、もっと真ん中に座ってくださいや」

「いや、ワシはここでええよ」

「いやいや、それはあきまへん。もっとゆったりとしてもらわんと。なあ、みんな」

「そうそう。そうですよ。社長さんがそんなところに座ってては、似合いませんがな」

私はハハーンと思った。これまで、「足立！」と呼び捨てにしていたのが、どこでどう聞いたのか、私が会社の社長だということを知って、手のひらを返したように下手に出たのに違いなかった。あわよくば、出所した際にでも、何らかのおこぼれにあずかろうという魂胆なのであろう。それとも、差し入れの一部をいつも彼らにお裾分けした効果の現われか。いずれにしても、そうと分かれば、話は早い。彼らの好意を甘んじてうけることにした。いざとなれば、南無三宝、逃げりゃあいい。

「すんませんなあ。それじゃあ、そうさせてもらおうか」

「社長さんも、水くさいなあ。もっと足を伸ばして、大きく背伸びでもしてや。何なら、肩でも揉ませましょうか」

「何ぼなんでも、そこまでやってもらうわけにはいかん」

「何言うてますねん。ワシらも暇で退屈してるとこですさかい、何ぼでもやらしてもらいますわ。オイ、そこの若いの。社長さんの肩、早う揉まんかい」

古株のダミ声の男が、コソ泥の小男に命令する。私はまるで、清水の次郎長にでもなった気分である。社長のご威光がこんなにも強いとは知らなかった。それにしても、きのうまでの、足蹴にされかねない脅迫じみた態度が嘘のようである。

「社長さんも一言、ワシはマルゼンの社長だと言ってくれりゃあ、ワシらだって、ちゃんと挨拶くらいしたものを。そんなこと、何も言わはらへんさかい、いや、とんだ失礼をしました」

「丸全という会社、あんたさん方もご存知でしたかいな」

「社長さん、それはワシらを馬鹿にしてますわ。それくらいのこと、ワシらだって社会の一員、よう知ってまっせ。オイ、キツネ、お前だって知ってるやろ」

と古株は、隣にひょこんと座っている、いかにもズルそうな狐目の六十男にアゴで聞いた。

「そりゃもう。何たって、天下の丸善石油ですさかいな。そこの社長さんに、こんなとこでお目にかかれるとは、いやあ、人生とは面白うおまんなあ」

私は思わず目をつぶった。彼らは、『丸全繊維』を『丸善石油』と勘違いしているのであった。マルゼンという響きから、勝手にそう理解したのであろう。私が別に嘘を言ったわけではないが、正直に事実を語ると、このあと彼らがどんな行動に出るか分からない。ここは運を天に任せ、知らぬ顔の半兵衛を決め込むことにした。それに、彼らの夢を壊すのも何となく悪いような気がした。

この、漫画みたいな連中のおかげで、私は留置場での長い生活もどうにか我慢することができた。どん底にあってもなぜか、茶番劇を生むのが私の人生と見える。困ったというべきか、それとも親に感謝すべきか。

そうしたある日、私は看守に呼び出された。調べ室に入ってみると、張本人のCがそこに座っていた。検事が、告訴の内容と私の供述とが食い違うので不審に思い、彼を呼び出したらしかった。

「足立、お前の言いたいことがあったら、この人に遠慮せずに言ってみろ。私は黙って聞いておるから」

検事さんにそう言われた途端、さあ、私の怒るまいことか。何しろ、それまでは、私が何かしゃべろうとしたら、

「いちいち、口を出すな。お前はワシの言うことに、ハイかイイエと答えるだけでええ」

とまるで鼻にも引っ掛けなかった検事が、自由にしゃべってよいというのであった。元々が話好きな私のこと、鬱積していたものが一気に爆発した。

「C、なんじゃ、お前は。ワシの金を騙し取ったうえに、こんなところにまで入れくさって。それでも、人間か。お前のやってることは、詐欺やないか。ほんまなら、ワシではのうて、お前が入らないかんとこや。お前が困ってるゆうから、ワシはお前に金を工面してやった。ゆうなれば、お前の恩人やないか。真っ先にお前がすっ飛んできて、警察に事情を言うて詫びを入れるのが人間としての筋とちゃうか。お前、よくもヌケヌケとそんな顔しておれるなあ」

怒りのあまり、私の手はブルブルふるえていた。延々と一時間くらい、罵倒しただろうか。その間、Cは黙って聞くだけだった。だが、私としては、それだけ言ってもなお収まらない。一発、ぶちかましたかったが、ことの一部始終を聞いていた検事がその時、

「Cさん、いまの話がほんとうだとすると、詐欺罪だとは断定できんまでも、そう思われても仕方ないところがあるなあ」

と言ったあと、

「足立さん」

と初めて私の名前を敬称を付けて呼び、隣の部屋に誘った。

「話はよう分かった。どうやら、あんたの言い分が正しそうだ。今すぐ、出られるように手配し

ましょう。そういうことなら、逆に彼を詐欺罪で訴えなさい」

私はしかし、それより何より一刻も早くここを出たかった。

「いやあ、検事さん、ワシは早うここを出たい思いますねん。もう、こんなとこ、二度とゴメンですわ」

精も根も尽き果てた私の泣き顔に、検事さんは思わず苦笑しながら、

「誰にも気付かれんよう、荷物をそっとまとめておきなさい。どこの誰があんたの後を付けていくかもしれん。用心するに越したことはない。何しろ、ここはまともな人間が来るところじゃあないからねえ」

と言って、再びニヤリと笑った。

この事件では、暴力を振るったヤクザは刑に服したが、私は不起訴処分になった。

検事さんとはその後、すっかり知り合いになった。もし、雇ったヤクザが訪ねてくるようだったら、いつでも自分を呼べとも言ってくれた。案の定、ヤクザが一度二、三人連れでやってきたことがあったが、検事の名前を出すと、以後二度とやってこなかった。私は結局、告訴も何もしなかった。相手は常識も何もない、名代の悪である。泣き寝入りしてでも、こういう人種とは永遠に縁を切りたかった。裁判沙汰になって、あることないこと言われたり、難癖つけられるのが、どうにも嫌だった。

相変わらず、儲けてはすぐに損をするという、綱渡りのような危なっかしい生活の連続だった。

――一体、いつになったら平穏な時間が持てるのか。

自分で自分がよく分からない、いわば手探りの時代であった。

苦しい時の「人頼み」

苦しいときの神頼み、とよく言うが、私の場合のそれは、神頼みならぬ「人頼み」。飼い犬に噛まれてひん死の重傷を負ったとき、私を助けてくれたのは、同じ人間でも月とスッポンほどに出来の違う、何人かの心有る人たちである。

人間社会というのはよくしたもので、どんな逆境にあっても、必ず自分のことを気遣ってくれる何人かの恩人、友人、知人がいる。自暴自棄になる前に身の回りを振り返ってみるとよい。他力本願も、信じればこそ通じる。

苦境の真只中にいる時、『丸全繊維㈱』に学校を出たばかりの西岡決隆《さだたか》氏が入社してきた。商売のことについては、まだまだ右も左もよく分からぬ若者だったが、度胸が据わっている上に機転がきき、何よりも仕事に取り組む姿勢が熱心だった。新聞広告を見ての応募だったが、

「商売人になりたくて、船場にやってきました」

という彼のやる気を見込んで採用した。

彼はいち早くこの商売のノウハウを覚え、すぐにバリバリの営業マンとして活躍し始めた。時期的には、会社の台所は火の車だったが、彼は愚痴ひとつこぼさず、スクーターに乗って東成《ひがしなり》や都島の繊維問屋、つぶし屋の間を精力的に駆け回った。つぶし屋というのは、生地をつぶして洋服にする、いわゆる縫製メーカーのことである。生地を売るだけでなく、洋服にして問屋に納

めるというアパレルの萌芽の時代だった。高齢で給料の高い人にはやめてもらったので、やる気のある若い人間だけが頼りだった。さいわい、彼は服飾産業に大きな夢を抱いているふうだった。

だが、私の正直な気持ちとしては、これからは繊維よりも不動産だ、という考えが日増しに強くなり、事業形態も必然的にテナント業や土地の転売に傾いていった。三十年二月に、『東宝産業㈱』という遊技場の会社をつくったのも、財産保全とともに確実な収益を見込んだからである。いわば、発想の転換というやつだった。

繊維のほうはもっぱら、西岡氏をはじめとする若い連中のバイタリティーにゆだねることが多かった。そのため、彼を営業部長に昇格させて仕入れの一切を任せ、続けて間もなく役員に抜擢した。能力があれば引き上げる、というのが私のやり方である。好き嫌いが激しくて、こいつはと見込んだ社員は思い切って重用するが、自分の期待にこたえない社員はズバッと切り捨ててきた。

『丸全繊維㈱』が苦しかったこの時代、商品を積極的に回してくれたのが丸紅の伊藤善之助さんだった。繊維部門の担当者で、陰に陽に会社を盛り立ててくれた。どうにか会社がつぶれなかったのも、氏の援助があったからといっても過言ではない。

私はいよいよ不動産投資に乗り出すことにした。梅田の繊維卸問屋の役員をやっていた松本安太郎氏、親友の松本茂さんら十数人の資産家と一緒に、不動産投資を目的とした会をつくった。

『宏友会』と『良友会』がそれである。会長には松本（安）さんがなり、私はその補佐役の副会長として采配をふるった。睨みがきいてボス的な彼も、私の言うことだけは素直によく聞いた。みんな大金持ちで、金を持っていないのは自分ひとりだけだった。

私は、事業を行なうとき、なんぼ借金ができるかからスタートする。借金は信用の証、自分の金と同じという発想である。普通なら、資金力に応じて事業を考えるのだろうが、それではいつまでたっても大きな仕事はできない。人の金を運用できるほど、強いものはない。

この二つの会は毎月一回、定期的に親睦会を開いた。安い弁当を取り寄せ、一杯飲みながらの和やかな集まりである。気心の知れた人間同士だったから、金儲けだからといって変にガツガツしたり、目が血走るというようなこともない。第一、彼らは土地で金を儲けることなど、まだよく知っていなかった。

会は予想以上の成果を上げた。みんな金持ちなので、銀行の信用が厚く、資金はいくらでも調達できた。そうなると、儲け話もでかい。次から次と打つ手が当たり、みんなホクホク顔だった。そのうち、このままずっとやっているとうるさくなる、ということで解散することにしたが、そのときの友情はいまも何一つ変わっていない。

私はふたつの会の成功にいよいよ自信を深め、かつて私の会社にいた服部律さんに、一緒に土地会社をつくろうと声をかけた。彼女は『新大阪土地㈱』に入社して数年後、結婚のため辞めたのだが、その才能を高く評価していた私としては、男顔負けの彼女の判断力や、事務能力がどうしても必要であった。最初は渋っていた彼女も、私のしつこさにはさすがに根負けした様子で、

「そこまで見込まれたら、これ以上、嫌やと言えませんでしょ」

と腰を上げてくれた。こうして、昭和三十九年春、私と服部さん、それに長男の嫁の足立久子の三人が出資して、『新大阪地所㈱』という会社を設立した。私が代表取締役会長になり、社長に久子、服部さんには取締役になってもらった。

折りも折り、東京オリンピックの開催に向かって、東海道新幹線の工事が着々と進み、新大阪駅周辺は開発機運が盛り上がっていた。私はそこに目をつけた。

当時の新大阪駅の周辺はまさに一面の田園地帯。沼地や田んぼがえんえんと広がっていた。私は、金の入ったカバンを抱えた服部さんと一緒に、ぬかるみ道をドロンコになりながら地主通いをした。彼女はトイレがないのに閉口したようだが、芯の強い性格の人だけに泣きごと一つ言わなかった。

私は次々と土地を買収した。購入資金は銀行から融資を受けることにした。が、金を貸してもらう条件として、地主から大口の定期預金を取ってやると約束した。銀行としても、金を融資したといってもすぐにその金が戻ってきて、しかも上客が増えるわけだから不満があろうはずもない。

地主を前にして、私は交渉に臨んだ。

「どうでっしゃろ、坪千四百円ということで。悪い条件ではないと思いますがなあ」

「そこを、もう少し何とか考えてもらえんやろか」

「千五百円でっか。相場では千四百円でもきついくらいですよ」

「それ以下じゃ、ちょっと売りとうないなあ、と女房とも話したばかりで」

「ウーン。商売上手ですなあ。どっちが商売人かわからしませんがな」

と、私は相手を持ち上げながら、やおら、

「いや、あんたさんには負けました。仕方ありませんわ。それで手を打ちましょう。その代わりといってはなんですが、ひとつ条件がありますねん。ワシは銀行がバックなので、当座に必要な金だけ残しておいて、あとは銀行に三年なり五年の定期預金してもらいたいんやが」

もともと、千五百円という坪単価はこちらの踏み値。金額に異論などあろうはずもない。それよりも目的は、土地を売った金をいかに気持よく、融資先の銀行に預けてもらうかだった。

こうして私は、自分のみならず、お百姓さんも銀行も喜ぶ、いわば一石三鳥の方策を駆使しながら、新大阪駅周辺の土地を買い足していった。当時の坪当たりの価格は、だいたい千数百円から三千円くらいだった。土地は二、三か月から数年の間を置いて、区画整理上買わざるをえない大阪市と阪急電鉄にまとめて転売した。いわゆる土地ころがしである。

この時に売買した土地はざっと十万平方メートルにおよぶだろうか。一千万円で買った土地がたちまち三千万円で売れるのだから儲からないはずがない。ほんの二、三年の間に他人《ひと》のお金で十数億円という利潤を上げた。その利益であちこちにテナント用のビルを建てた。私の場合、資金を寝かせるということはほとんどなかった。金は生かして使え、というのが私の金銭運用哲学だった。

私のことを評して、

『資産家というよりは実業家』

という声があるのも、恐らくこうしたところからきているのだろう。

土地購入のための資金調達は銀行のほかに、資産家の知り合いからも受けた。中でも、手形割引きの金融業『日証』の高室修さんには、随分お世話になった。私のどこがどう気に入ったのか、すっかり信用してくれて、

「足立さん、あんたなら担保なんかいらん。手形を書くだけでええ。十五億円までなら融資する。利子も人よりは安うするから、しっかりと儲けなはれ」

とまで言ってくれた。その頃、日本郵船が所有していた大正区の千坪の土地（倉荷証券付き）が売りに出され、ひと目で気に入った私はお金もないのに先方の常務に掛け合って交渉をまとめた。まるで茶飲み話のような商いだった。当時としては非常に安い物件だった。その時の手付金

は実は高室さんから借りたものである。残金は大同生命から融資を受けた。自己資金ゼロで、土地を入手したわけである。これがきっかけとなって、私は『郵全倉庫㈱』という倉庫業を興すことにした。

「郵の字がついておれば、よけいええですわ」

と先方にも理解をもらい、倉庫業に手なれた赤井博さんを社長として経営に乗り出した。現在ではすでに株を手放してしまったが、絵画投資で大損をしたとき窮状をしのぐ貴重な土地ともなったので、愛着もひとしおのものがある。

日証からは結局、申し出の半分くらいしか借りなかったが、高室さんが示してくれた厚誼は身に余るものであった。感謝の念は尽きない。

ここでもまた私は〝信用〟を武器に、人のお金で以て金を儲ける、自己流の投資術を駆使したのである。

例えば、三千万円のいい土地があるとすると、その情報を入手するや、いち早く誰に買わせるかを決めて話を持っていく。その際、スポンサーひとりに土地を買わせるのではなく、自分も半分買う。ただし、金はないので購入資金はその人から借り、高めの金利を払うことにする。そして買った土地は、一年ほど寝かせ、地価が数倍になってから売り飛ばすという寸法である。値上がり益から見れば、金利など微々たるものだ。スポンサーは喜ぶし、自分も資金ゼロで儲かる。

ここでのコツは、同じ土地の半分を自分も一緒に買うのがミソである。単なる情報提供だけではスポンサーも不安に思うが、本人も買うのなら間違いあるまいと安心する。金を貸す人間の微妙な心理までおもんぱかって、大いに信用と実益を得た。土地ころがしといっても、大企業が資金力にものをいわせて買い占めるようなやり方ではない。いつも、二方、三方が喜ぶようにして儲けるのが、私の商売哲学である。

そういう意味で、私は株にはまったく興味がない。というより、嫌いである。あれは一種のバクチだ。儲けて喜ぶ人がいる陰で、必ず泣く人がいる。株の値動きに一喜一憂している人を見ると、どことなく寂しい気がする。最近の株価の上昇は、金余りで行き場のない金が集まっているだけで、そのうち暴落するのではないかと思う。

新大阪駅周辺の土地買い占めは、外部から見るとかなり徹底していたらしい。そのため、大阪市から、

「足立さん、もう相当儲けなはったでしょう。このくらいで少し静かにしといてくれんかね」

と言われたので、

「じゃあ、そうしとこか」

と撤退することにした。

不動産の購入は、思い切りのよさが大事である。不動産屋が持ってくる物件がいいものであれ

ば、ほとんど言い値で買う。そうなれば当然、不動産屋は喜ぶし、どんどんいい情報を持ってくるようになる。安く買い叩くだけが商売ではない。何でも高めに買ってあげ、売るときは相場よりも一割くらい安く売る。それが信用につながる。ほどほどの欲のほうが長い目で見たとき、かえって大きな利益をもたらすことを知るべきだ。手前勝手な欲だと、人がついてこない。

信用といえば、昭和四十六、七年頃の話。新大阪の駅前に、『㈱日美』が所有する百六十八坪の土地があり、そのうち百五十坪を売ってほしいと姫路に本社のある神姫バスが言ってきた。十八坪だけ残すとは変な買い方をするなあと思ったが、足立美術館を開館して間なしの頃でもあり、将来、美術館にお客さんを運んでくれることを期待して売買契約を結んだ。

そうしたところ、数日後、ある業者がこの情報を聞きつけ、

「百六十八坪そっくり買いたい。手付け金はもちろん倍返しにする。しかも神姫バスよりも二割高く買うがどうか」

とよだれの出そうな条件提示があった。契約書では、手付け倍返しさえすれば何の問題もなく、欲深い私の気持ちは大きく揺れ動いた。

しかし、考えてみるに、一度契約しておきながら欲に目がくらみ、契約を白紙に戻すのは信用に傷がつく。そう思い直して最初の約束通り、神姫バスに売却することにした。

そのため、十八坪の土地はいまだに残ることになったが、ご存知の通りの昨今の土地高騰、結

果的には残った十八坪のほうが百五十坪の土地よりも価値をもつことになった。

つい最近、この土地に森ビルが目をつけ、この一角に大きなビルを建てたいので売ってほしいと言ってきた。値段が値段なので簡単にはまとまらないかも知れないが、その時は全面協力しましょうと約束した。これもひとえに、信頼関係を優先させた私への神様の思し召しと受けとっている。

もっとも、不動産のほうでも失敗がなかったわけではない。ある不動産業者が二人で、堺筋の一等地に値段も安くて格好の物件がある、と持ちかけてきた。聞いてみると、その土地は年度が変われば、四国のある県が買うことになっているが、今年度は予算がないので、私に手付けだけでいいから打っておかないか、という話であった。土地の総額は一億四千万円だが、手付け金の一千万円だけ用意すればよいということだった。時期が来れば、必ずその倍になるという約束だった。

私にとっては、なけなしの金であり、とてもではないが、その土地を買うだけの資金はない。そのことを念を押すと、絶対に大丈夫だという話だったので、すっかり真に受けていた。

ところが、手付けが流れる数日前になっても、先方の不動産屋からは全然連絡がない。四国の話も年度が変わったというのに、いっこうに浮上してこない。不審に思って、相手の会社に出かけてみると、何と有馬温泉に行っているとのことだった。彼らは最初から手付け流しを狙って、資金が続かない私をハメるつもりだったのである。

私としては、みすみす彼らの術中にはまるのが悔やしくてたまらない。自分の金は損してもいいから、彼らにだけは絶対にいい目はさせない。かくなるうえは目にもの見せてくれると、一両日以内に現金を工面できそうな何人かの富豪に、

「早い者勝ちですよって」

と声をかけた。流れるまでの数日が勝負だった。その間に、残金の一億三千万円を用意しさえすれば、こちらには手付けを打っている権利があるので、契約上、相手もその土地を売らないとは言えない。

その時、真っ先にお金をもってこられたのが、船場の『辰野』の社長・辰野彦一さんだった。映画『細雪』のセットにも使われた代々の名家に住み、大観の「海に因む十題」の中の一点『松韻濤声』を持っていることでも知られている旧知の人であった。昭和六十三年七月、失火のためその家が焼けて絵の消息が案じられたが、無事が確認された。美術関係者はホッと安堵の胸を撫でおろしたので、ご記憶の方もあるだろう。

この手付け金の一件は、不動産関係者の間でもちょっとした話題になったようだ。

「足立全康がみすみす手付け金を捨ててしもうた！」

だが、私としてはタダで金を捨てた気持ちなど毛頭なかった。手付け金を回収する方法も考え

られないではなかったが、ここは一千万円を捨ててでも、損して得を取るという道を選んだつもりだった。不動産業者に持っていかれたのでは、丸損である。しかし、相手が辰野さんなら決してタダで捨てたことにはならない。そう踏んだのである。

金は使い方によっては、何倍もの利益をもたらすが、用途を間違えると、クズ箱に捨てたと同然である。素封家の信頼を得るのも、得難い財産である。ここでも、金は生かして使え、という私の金銭哲学が生かされている。

一方、本業ともいうべき『丸全繊維㈱』は西岡氏が役員になって二年目に突然、

「もっとテキスタイルの商売を拡大したい」

と辞任を申し出た。寝耳に水の私は、

「仕事はあくまで人が中心や。その大将が辞めることは絶対にあかん」

とその場を引き止めたものの、彼の決意は固く一年後には独立した。その後、彼の会社『㈱丸三』と、住友商事の『住商繊維㈱』、それに私の『丸全繊維㈱』の三つが一緒になって『三全商事㈱』という合弁会社をつくることになった。私が会長、西岡氏が社長でスタートした。昭和四十三年のことである。しかしそれは、私にとっては繊維事業からの事実上の撤退を意味していた。

『三全商事㈱』は順調に業績を伸ばしていったが、業界の流通の変遷や簡略化が進んだため、将来を展望して、住友商事と合議の上『住商繊維㈱』と合併することにした。西岡氏は、その常務

となり、東京支店長として活躍した。その後彼は、『㈱ワールド』の社長の畑崎廣敏氏と縁があり二人で『㈱ワールドテキスタイル』を設立、現在は『㈱ワールド』の常務取締役として活躍中である。自分の進むべき道をはっきりと決め、それに向かって真一文字に突き進む行動力は見事というほかはない。

このふたりには現在、足立美術館の役員になってもらっている。畑崎氏が理事長、西岡氏が運営委員長で、ともに当館の要職にある。

後列左より西岡運営委員長、足立館長、畑崎理事長、服部運営委員長、著者

畑崎氏とは西岡氏の紹介で十年ほど前に知り合った。氏もまたファッションを通して、「豊かな心と美を追求する」情熱とロマンの人であった。立志伝中の人物でもあり、柔和で人柄が良く、話にも真実味が感じられた。人相が実に良くて、家庭を大切にされているという。美術館に初めて来られたのは確か五十七年の夏だったと思うが、ここまで立派な美術館だとは思っておられなかったらしく、ひと目見ていたく感心されたふうだった。

「私でできることでしたら、どんなことでもお手伝いさせてもらいましょう」

と、美術館に愛着をもたれた様子に私も感激したのだった。その年の暮には理事になっていただき、翌年の四月には館長に就任していただいた。人の出会いとは、げに不思議なものである。

私は、不動産にとって代わるものとして美術品に着目した。その頃、一番熱心に買い集めていたのが横山大観の絵である。昭和三十二、三年頃に初めて買った大観の『杜鵑《ほととぎす》』は、ある絵描き崩れの男に騙されて、偽作の大観とすり替えられてしまったが、その後、折りあるごとに買い集めていった。最も多い時で、百五十点近くあったと思う。二十余年におよぶ収集の成果の一端である。

一般的に、資産形成は現金、土地、株に三分するのがいいといわれているが、私の場合は株の代わりに美術品。投資と道楽をかねて、近代日本画と陶芸作品の収集に走った。

大観のほかに、主に買ったのは京都画壇の総帥・竹内栖鳳、花鳥画の名手・榊原紫峰、動物を描かせたら天下一品の橋本関雪、孤高の大画家・富岡鉄斎、風景画に優れる川合玉堂、美人画の上村松園など。このなかでは榊原紫峰はもっと市場価値が上がっていいように思う。

また陶芸関係では最初、浜田庄司が値上がりするだろうという、いくらかヤマッ気があって集めていたが、だんだん嫌気がさしてきたのでそのうち売り払った。その後は、地元安来市出身の河井寛次郎、稀代の陶芸家・北大路魯山人のふたりに絞って作品を積極的に買っていった。私の趣味から言えば、絵も描き、やきものもひねり、料理は一流の魯山人が好きだ。何をやらせても一流の彼こそ、天才といっていいように思う。

このほか、彫刻の平櫛田中翁の『鏡獅子』に感動し、それこそお百度参りして、特別に譲っていただいたりした。しかし、基本的な収集の姿勢としては、これもある、あれもある、という総花的な集め方はいやなので、逸品だけを集中的にコレクションすることにした。

その頃は、日曜ごとに銀座の一流画廊や、大阪の知り合いの美術商と会い、美術談議を交わしながら少しずつ知識を蓄えていった。一流の画商は看板を背負っているだけに、メンツがあり、変なことができない。それだけに話も充実している。そうした人物と付き合っているうちに、こちらの絵を見る目も徐々に備わってきたように思う。美術品を扱う場合、一流の美術商と付き合うに限る。

絵の買い方については、一週間くらい預かり、部屋の一角に掛けっぱなしにしておくという方法を取った。そうすれば、だいたい、いい絵かどうかがわかる。二、三日して、もう外してもええわ、と思うような絵は駄目だ。いつまでもそこに掛けていたい絵はやっぱり良い。それと、自分が惚れた絵は値切らないことも大切だ。女も惚れてこそなお一層魅力が倍加するように、惚れるということは出会いの原点である。

そのうち美術品が増えていくにつれて、蔵にしまっておくだけではもったいないと考えるようになった。といって、売るにはしのびない。ということで、郷里に美術館を建てたいという思いが次第に昂じてきた。

——そうや、郷里に生きた絵を、絵ごころをプレゼントしよう。幼い頃から、さんざん苦労して育った故郷で、青少年のために役立つことをしたい。

根がせっかちな私は、一度火がついたらもう消せない。美術館づくりに向けて急発進した。当然、地元の人たちも大いに喜んでくれるに違いない、と思うと、ますます頭に血がのぼった。だが、いざ地元に乗り込んでみると、案に相違して村の人たちは、環境が壊されるとか、ここでもまだ金を稼ぐつもりか、とまるで被害者にでもなったような反対の仕方だった。

それは私にとって、青天のへきれきともいえる出来事だった。良かれと思って始めた美術館の建設構想だけに、並大抵のショックではなかった。とにかく、何かにつけて反対ばかりされるので、さすがの私も一度は本気で、皆生《かいけ》のほうに移し変えようと考え、実際に皆生の関係者と会って打ち合わせをしたりした。

しかし、冷静になってよくよく考えてみれば、ここには先祖も眠っており、何にもまして自分が生まれ育ったところである。ここでなければやはり意味がない。そう再び思い直して、私は三たび、みんなに頭を下げてまわり、あらためて理解と協力をお願いした。

美術館を開館する二年前の昭和四十三年五月、私は杉原寛一郎安来市長に対し、美術館開設についての希望を申し入れた。杉原氏にはその後、市長を退かれたおり、当美術館の初代理事長になっていただいた。建設場所は生家付近。その場に立った途端、ここ以外にないとあらためて確信した。まわりには鷺の湯温泉があるだけの、鄙《ひな》びた農村地帯だったので、人々は一様に、

「どうしてこんな場所に？」

といぶかったが、勝手知ったる周囲の景色をひと目見るなり、理想の場所のように感じた。

その時点ですでに、日本庭園と日本画を二本柱にした美術館にしたいと考えていたので、何層にも重なった背景の山並みが格好の借景と映った。それに近くには、雲州尼子氏の居城として知られる月山富田城跡や名刹の清水寺がある。何もない田舎というのなら、この足立美術館があるではないか、というふうにすればいいではないか。

昭和45年11月2日、足立美術館開館の前日に感激の挨拶をする

　私の夢はふくらんだ。関係省庁や近在を駆けずり回り、やっと目安がついたところで美術館および庭園の工事に着手した。造園に際しては、子供の頃に何度か訪れた近くの雲樹寺の庭のイメージがあった。設計は大阪芸術大学の中根金作教授に依頼した。初めは芝生の庭だったが、やがて白砂青松の庭に一新することになった。

こうして昭和四十五年十一月三日、『財団法人足立美術館』は難産の末に開館することになった。敷地面積千坪、建坪は八十坪だった。現在の美術館の一号館と本宅にあたる部分がそれである。玄関はいまと違って、本宅の庭伝いにあった。白亜の館は、尼子氏の富田城を模した。

開館する前日の十一月二日、透き通るような秋晴れのもと開館式典を行った。島根県知事をはじめ、地元の安来市長ほか多くの来賓の来駕を賜った。関係者はもとより、地元の人たちも数多く参列してくれた。遠巻きに子供たちが式の模様をじっと見詰めている。

私は目頭が熱くなった。美術館を建てて本当に良かったと感慨をつのらせると同時に、妻の政子にもひと目、みんなが祝福してくれているこのシーンを見せてやりたかった、とつい涙が落ちた。あろうことか、開館するほんの十日前の十月二十四日、あれほど楽しみにしておりながら、六十三歳の生涯を閉じたのである。仕事しごとの毎日で、身の回りを振り返ることさえない私であった。妻に対して、どれだけのことがしてやれただろうかと考えると、なおのこと胸が痛んだ。

洋画に夢見た甘い汁

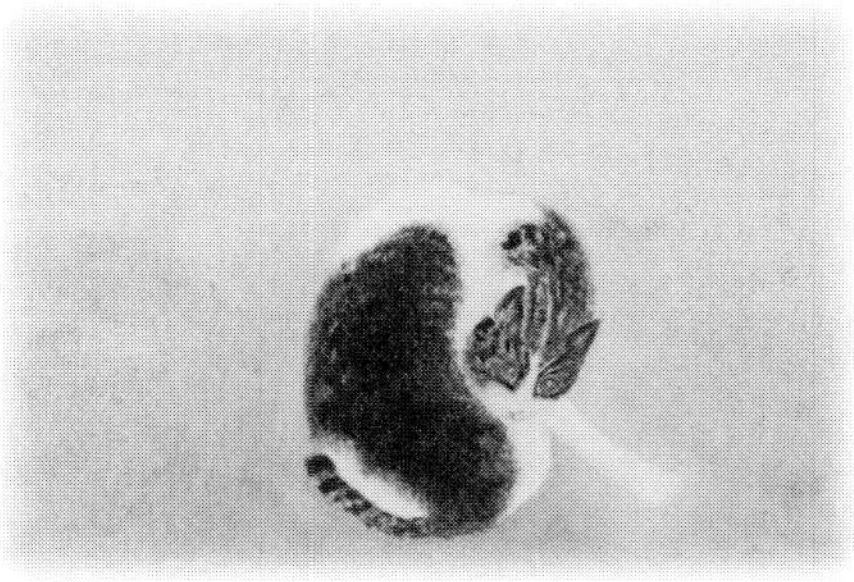

人間というのは一体どこまで欲深く出来ているのだろうか。われながら、よくもまあ次から次へと金儲けを思いつくものだ。美術館を開館するその前後、つまり高度成長期の後半に絵画への投機ブームが起きたことがあった。

その頃はすでに、土地のほうはいい物件がだんだんと少なくなっており、もともと絵が好きだった私は、ある画商から「黙って買っておきなさい」と強く勧められたこともあって、次はこれだ、と勝負カンを働かせた。思い切って『新大阪地所㈱』を『㈱日美』と商号変更し、美術品売買の会社にした。美術館を開館した翌年、昭和四十六年のことである。

長年、個人の趣味で集めてきた美術品のコレクションがだいぶ膨らんだのを機に、美術館に展示する一方、何とかそれを商業ベースに乗せ、しっかりと利潤を上げようと考えたのである。つまり、趣味と実益を兼ねた会社にしようとしたわけである。

私はそれまで長い間、苦労に苦労を重ねて商いをやってきた人間なので、物事には必ず儲け時というか、好機があることをイヤというほど思い知らされてきた。カンが閃いたら即断即決すべき、と強く肝に銘じてきた。これまで、一瞬の逡巡と躊躇のためにどれほど儲け損なったか、数知れない。

ある日、私は腹心の服部さんに相談した。

「ワシはこれまで、いろんな金儲けに手を出してきた。中には儲かったもんもあるが、大半は儲けそこなっちょる。それもこれも、タイミングいうものを計り損なったからやと思いますねん。ワシはこれまで日本画一本でやってきたけど、洋画ブームを対岸のこととしてみすみす見逃すのはもったいない。ワシの見るところではまだまだ値は上がる。これは絶好の投資になると思うんやが、どうやろう」

「私は反対です。今の絵画ブームはちょっとおかしい思います。こうも簡単に値段が二倍にも三倍にもなるなんて。まるで打ち出の小槌じゃないですか。そんなに都合のいい話がありますかしら」

「そこや、服部さん。だから儲けることができますねん。二十億円を注ぎ込んで、四十億円になったら売りゃあええじゃないですか」

「会長は一体、どこまで儲けたら、気が済むのですか。なんて欲が深いんでしょうね。私は汗を流さない商売は嫌いですから、会長がどうしてもとおっしゃるんなら、辞めさせていただくしかありません」

「まあまあ、そう言わんと。よう考えてみなさい。こんなチャンスは滅多にあるもんじゃない。金はどこにでも落ちとるもんとちゃうよ。金を儲けるというのは、大変なこっちゃ。儲けられるときに儲けとかんと、いつまたチャンスが巡ってくるか分からん。金というのはいくらあっても邪魔になるもんやない。万が一、値が上がらんだったら、美術館に飾ってもええじゃないですか。儲け損なっても、美術品だけは残るんやし」

私のあまりのしつこさに、さすがの服部さんも根負けした様子で、あとはどうぞお好きなようにやってくださいとばかりに、渋々うなずいた。

私は腕まくりして洋画の収集に走った。現存、物故は問わなかった。大家といわず、中堅でも若手でもこれはと思ったら、金に糸目も付けないで次々と買っていった。

そのため、大阪の『㈱日美』の事務所には連日、画商が引きもきらなかった。毎日、三組くらいは来ていた。作品もあっという間に百五十点近く集まったが、それもそのはずだ。画商と相談するのは金の話くらいで、たいがいは勧められるままに買っていったのだから、溜まるはずだ。

それにしても、それまではもっぱら、近代日本画がコレクションの対象だっただけに、百八十度の方向転換である。もちろん、軍資金はほとんどすべて、銀行からの借金である。私としてはその当時、二十億円くらいは調達できる自信があった。

絵を盛んに買い始めた当初、つまり四十年代半ばから四十七、八年にかけて、洋画はほとんど軒並み、値を飛ばした。ひと月も経たないうちに、倍々で値上がりを続けた。何しろ、供給が需要に追いつかない状態で、画家によっては一遍に十枚のキャンバスを並べ、歩きながら描いていったという話がまことしやかに伝えられた。

ここまで来ると、もはや異常である。絵の内容なんかどうでもいい、完全なマネーゲームである。大手の商社は参入するし、銀行は銀行で低利で金を融資したので、美術界の狂乱にいっそう拍車をかけた。

しかしそれでも、熱気に当てられ、金の亡者に変貌した当事者たちにはまだ、自分たちがのっぴきならない事態に陥っていることも、またすでに致命的な傷を負いつつあることも気付いていない。業界全体が浮き足だっていた。もちろん、斯くいうこの私も、である。あと一、二年もすれば、投資額の倍の三十億円になると皮算用していたのだから、欲の皮はちきれんばかりだった。欲に目が眩む、とはまさにこのことである。自分の姿がまるで見えていない。

それでも、あまりの値の上がり方に、さすがに薄気味悪い感じがし始めていたので、現存作家のものよりも、物故作家のほうを主に買い足していった。機械生産でもしているかのように、後からあとから生産されてくる、まだ絵の具の乾かない絵を見ると、現存作家にはいささか不信感を禁じ得なかった。株価操作ならぬ、絵の相場も幾人かの画商の手によってコントロールされているような気がしないでもなかった。

岸田劉生、安井曾太郎、須田国太郎、児島善三郎なども、だいぶ買った。今、これらの作家の名前を見ると、錚々たる顔ぶれということになるのだろうが、根が洋画はあまり好きでないこともあって、特にそれほどの感慨を湧かせることもなかった。相変わらず、投資の気分だけが強かった。そして最終的には十五億円ほどつぎ込み、結果として全部で二百数十点が手元にあったと思う。

現存作家の作品については、こわいという気持がどこかに付きまとっていた。特に、中堅クラスの作家で、十号の絵が一千万円を超えたりすると、買うのが少しずつためらわれるようになった。値上がりを喜ぶ気分とは裏腹に、これで本当に大丈夫だろうか、と複雑な気持ちだった。こんなに値段が上がるんなら、いっそ外国のいいものを買ったほうがええかな、と考え始めるようにもなった。

それでも正直に言うと、気分が悪いはずはなかった。もくろんだ通り、洋画はなおも上昇を続けていたのである。日毎に増えていく収蔵品を見ながら、売り時をチラホラと考えるようになった。

洋画だけでなく、現代日本画も少しずつ買った。主に買ったのは、石本正と猪原大華。特に石本正の作品は好きで、舞妓の一連の〝裸婦シリーズ〟は、現代作家の作品のなかでも秀逸だと思う。あそこまで女の色気が描ける作家は他にちょっと見当たらない。今でも、評価が高いようだが、さらに一段と注目を集めると思う。

そうしたさなか、私はひょんなことから小学生以来執らなかった絵筆を握ることになった。七十四歳の時である。

妻を失ったあと、私のそばにはいつも妹の安子と孫の説子《ときこ》がいて、ずっと面倒をみてくれていたのだが、ある日、説子が油絵を描いているのを見て、ふと自分も描いてみたくなった。図画だけは好きだった、という子供の頃のことをふと思い出したのである。

いざ実際に見よう見真似でやってみたところ、これが結構うまくいく。私はすっかりうれしくなって、まわりにある焼物や絵の写真を見ては次から次へと、手当たりしだいに描いていった。それこそ童心に帰った気分で、何枚も描いていくほどに精神的にも充実感が出てき始めた。

ちょうどそんな折、日本画の竹内栖鳳の名作『斑猫《はんびょう》』が、ソ連で開かれる日本画の展覧会に出品されることになり、その権利をある業者が握っているという情報が舞い込んできた。私はすぐにその業者と掛け合い、展覧会が終わり次第、この絵を譲ってくれるよう約束を取りつけておいた。『斑猫』は私がかねてから、ひそかに目を付けていた作品であり、栖鳳の中でも特に私の好きな逸品であった。

ところが、その業者は展覧会が終わると、こちらに何の挨拶もなしに山種美術館に売却してしまったのである。私はそれを知ってひどく憤慨し、業者にねじ込んだ。が、今更どうにもならない。口約束だけで、手付けを打っていたわけでもなかった。作品はすでに山種に納まっており、喧嘩にもならない。あとの祭りだった。

私はかねがね、東京の山種美術館に対して、いい意味での強いライバル意識を燃やしていたので、栖鳳の作品のなかでもとりわけ評価の高い『斑猫』が、よりによって山種に入ったことに二重のショックを受けた。ネームバリューにおいても、実績においても、オープンしたばかりの当館とではまだまだ差があったが、いつか日本一の美術館にしてやるという大きな夢と希望が私にはあった。それだけに、名品がみすみす人手に渡ることは耐えられなかった。予想したとおり、この絵は間もなく重文の指定を受けることになった。思い出すだに悔やしい痛恨事だった。

私はその夜、布団のなかでまんじりともしなかった。目が冴えてなかなか寝つけない。出るのは、ため息ばかりだった。枕元の時計を見ると、時間はいつの間にか夜中の二時を過ぎている。

そのときふと、ある妙案が閃いた。

――そや。そんならいっそ、自分があの『斑猫』を描いてやろう。今更、なんぼ悔やんでみたところで、どうなるもんやない。これを描くことによってイヤな思いはきっぱり忘れよう。

私はムクッと起き上がり、隣の部屋で寝ていた妹を起こした。

「栖鳳の『斑猫』を描くから起きてんか」

「今からですか?」

と妹はポカンとして目を開けたが、私の性格を知り尽しているだけに、特に驚いたふうもない。また始まったか、とすっかり慣れ切った様子で、さっさと絵を描く準備を整えた。

根がせっかちな私は絵を描くときのみならず、身の回りいっさいを妹に任せていた。妹とは何かにつけて相性もよかった。特に、絵を描くときはいなくてはならぬ最高の助手であった。絵の具をチューブから絞り出すのはもとより、色を混ぜ合わせ、それぞれにふさわしい色合いを作り出すのはすべて彼女の仕事である。どういうわけか、私は色の混合ができなくて、チューブから出た色をそのまま使いたがる癖がある。これも頭が悪いせいかと思ったが、

「頭のいい悪いは関係ありませんがな。ただ横着なだけですわ」

とピシャリと言われては、返す言葉もない。部屋の鍵を開ける間ももどかしく感じるほどのせっかちであった。

私は絵のカラー写真を見ながら、模写に取りかかった。油絵の具による日本画である。それこそ物に憑かれたように、一心不乱に写していった。そしておよそ一週間かかって、ようやく仕上げた。出来は、我ながらうまく描けたように思っていたら、妹も我がことのように、

「いやあ、ええ出来やわ」

と喜んでくれた。

もちろん、私のはあくまでも素人の手すさび。本物とは到底比べるべくもないが、それでも執念というか覚悟のほどによっては、自分でも信じられないような力が発揮されるものである。もっとも、この時の無理がたたって、私も妹も二、三日床に臥せってしまったが……。

それでも自分で描く喜びを知り、人からもうまいうまいと誉められたりするので、一年半くら

いの間にざっと二百点近くは描いただろうか。何事もすぐに熱中するタイプなので、その気になればアッという間に点数は溜まった。大半は人様に差しあげたが、一部は現在、美術館内の喫茶室などに飾らせていただいている。

私はその時期、自分でも絵を描きながら、なおも少しずつコレクションを増やしていった。描いては買い、買っては描くという毎日だった。

近代日本画で主に買ったのは、榊原紫峰である。昭和四十年代初め、あるところで『柿にりす』の絵をみて、私は心を動かされた。

――これほどまでに真摯な態度を貫き、高い境地を目指す画家がいただろうか……。

それになによりも、値段が七、八万円とばかに安い。以来、機会があるごとに紫峰を収集し、大観に続く百点近いコレクションをもつようになった。

また、富岡鉄斎も積極的に収集した。誰にも何にも拘束されず、自在に筆を走らせているのが凄い。唯我独尊の悠々たる世界である。その鉄斎の作品をめぐって一度、こんなことがあった。

心斎橋・大丸の展覧会に、『阿倍仲麻呂在唐詠和歌図』が出るというので会場に駆けつけたが、初日に間に合わず、ひと足違いでお客がついたということだった。

「間が悪うおましたなあ。つい、さっき決まったとこですわ」

「ワシはこれが欲しゅうてかないません。そのお客さんに五十万円出すから何とか話をつけてもらえんですか」

とお願いしたものの、先方はウンと言わない。そこを粘りに粘って、やっと百万円出すことで話がついた。総額で五百七十万円。それでも購入しておいてよかったと思う。くどいようだが、美術品を買うと決めたときにはどんなことがあっても手に入れておくべきだ。これはコレクションのための不変の教訓だ。

このほか、上村松園、伊東深水、鏑木清方、寺島紫明の美人画。竹内栖鳳、橋本関雪、菊池契月など京都画壇の作家。あるいは、菱田春草、下村観山、小林古径、前田青邨といった日本美術院の画家の作品を徐々に買い足していった。

陶磁器についてもこの時期、浜田庄司、北大路魯山人、河井寛次郎の三作家のものを重点的に買った。手当たり次第というと語弊があるが、ブームの中、日本画・洋画・陶磁器関係と、収集の内容は多岐にわたった。

絵画暴落は、そんなさ中に突然、起こった。

直接の引き金は、昭和四十八年春に開かれた熱海の交換会ではなかったかと思う。軒並み暴落した。その前から前兆みたいなものはなくはなかったが、この会を境にして状況はガラリ一変した。

物故・現存にかかわりなく、半値以下ならまだしも、三分の一あるいはさらにそれ以下の激しい落ち込み方であった。ひどいものになると、それまで一千万円したものが、八十五万円でも動かない。私は株のことはよく分からないが、株でもこれほどまでの暴落は会社が倒産でもしない限り、ありえないことだろう。

この時の暴落によって、倒産した画廊が何十軒もあったというし、中には夜逃げした者もかなりいたとか。何千万円の損ならまだよいほうで、億単位で損をした大手の画商もかなりおり、コレクターの中には自殺した人まであったというからひどい。

私もこの暴落で、十五億円の欠損を出した。そのため、大阪にあった五百坪の土地を売ったり、それまで集めていた横山大観の作品六十〜七十点を売り払ったりして急場をしのいだ。本来なら、美術館に飾られるはずの作品である。自業自得とはいえ、無念やる方なかった。

特に、暴落するほんの少し前に住商繊維の専務に、

「目をつぶって買っときなさい。何かの時はワシが責任持ちますから」

と言って一億二千万円相当の洋画を買わせた。だが、それがものの見事に裏目に出てしまった。

私は思い悩んだ。

――口の上の話とはいえ、ワシに責任がないとは言えない。だが、ワシもその何倍も大損している。金をそっくり払って、絵を引き取らなくてはいかんのやろか。考えてみりゃあ、住商繊維が儲けたからといって、その儲けの中からいくらか貰うわけやない。それを思うと、そこまで責

任をとらんでもええんではないやろか。

私のこの偽らざる気持ちは一方で、

――たとえ、口先の話とはいえ、一度はっきりとそう言ったんなら責任を取るのが筋だろう。先方はあくまで自分を信用して買ったに違いない。となれば、いよいよ約束は守らねばならない。それが商売人の信用というものだろう。

このことを服部さんに伝えると、彼女も大きくうなずいてくれた。こういう時の判断力は実に冷静で、男顔負けである。彼女がいなかったら今頃は自伝どころではなかったかも知れない。私は大正区にあった五百坪の土地を処分して穴埋めした。

それから数年間、寝ても覚めても暴落のショックが大きすぎて、さすがの私も呻吟する毎日だった。寝付きは悪いし、食欲もわかない。覆水盆に返らず、の意味が身に沁みた。私はこの時、

『誰もが買いに走る総人気ほどこわいものはない』

とつくづく思った。

もっとも、この事件が逆に、大観に対する思い込みをさらに助長してくれることになった。暴落にもびくともしない大観芸術の底力を知らされ、ますます大観が好きになった。浮気はするもんじゃないと、自分の軽率さを悔いるばかりだった。

そんな折りも折り、日美の社長をやっていた長男の嫁の久子が体調を崩し、社長を退きたいと

言ってきた。健康上のことでもあり、まさか引き止めるわけにもいかない。どうにもならなくて、服部さんに社長になってくれるように頼むと、

「事業がうまくいっているときだったらお引き受けしませんけど、会長が洋画を買うと言い出された時に止められなかった責任もあります。逃げ出す訳にはいかないでしょう」

と苦労を覚悟のうえで承知してくれた。この言葉に、私は胸が詰まった。もとはといえば、私が服部さんの言うことさえ聞いておれば、こんなひどい目には遭わなかったのである。しかし、彼女はそんなことはおくびにも出さず、ニコッと笑って快諾してくれた。この時ばかりは、何とお礼を言ったらよいか分からず、年甲斐もなくただウンウンと涙をためてうなずいていた。

「せいぜい強がりをみせていましょう」と服部さん

この時期、服部さんはさらに、

「会長、健康にはお互いくれぐれも注意しましょうね。顔色が悪いと、人から何といわれるか分かりません。お金を貸してくれた人たちも心配するでしょう。中には、絵画ショックでガックリきているのだと言う人もいるかもしれません。背すじを伸ばしてせいぜい強がりをみせていましょう」

と世間の目を意識しながら、女性らしい細やか

な気配りを見せてくれた。

私はこれまで多くの社員を雇ってきたが、経験から言って、有能な女性であれば、どんどん要職に抜擢すべきだと思う。現に、私の系列会社では女性陣が経営に参画し、第一線で活躍している。これは何も、私がことさら女性好きだから言うのではない。女性の持っている、しなやかで粘りのある優しさこそ、今という時代に必要だと思うのである。そして何よりも、政治的野心というものが男ほど強くないので、そう簡単に人を裏切ったりしない。そんなわけで、根がいくらかお目出たくできている私には、男性よりも重宝なのである。

今や女性の時代だといわれる。いろんな職場にどんどん女性が進出し、部署によっては男などとても太刀打ちできない、リーダーシップを持った女性が登場しつつある。それに感性もこまやかである。時に、女性の優柔不断さを指摘する人もいるが、男の欠点を見い出そうと思えば、これまたそんなに難しいことではない。

時代はまさに、『女性の時代』にさしかかっていると断言してもよさそうだ。

庭づくりに忘我の境

足立美術館には現在、日本、いや世界に誇れる財産がふたつある。一つは近代日本画の巨匠・横山大観の一大コレクションであり、もう一つは広さが一万三千坪にもおよぶ純日本庭園である。「名園と名画」をキャッチフレーズとしているゆえんである。

美術館を造ることを決意したとき、日本画の美に最も似つかわしいものとして、日本人の美意識と深いところで関わる日本庭園をイメージに描いた。小学校六年のとき、近くの雲樹寺で見た庭園にいたく感動したことがあったが、その時の印象が心の片隅に生き続けていたのかもしれない。

雲樹寺は臨済宗の古刹であり、一三二二年に後醍醐天皇の師である覚明三光国師の創建になると伝えられる。庭は刈込み式、枯山水の禅宗庭園で、春になると雲仙ツツジが境内一帯を埋め尽くすところからツツジ寺とも呼ばれ、地元の人たちに親しまれている。

庭づくりを思い立ったのも、こうした故郷の美しい風景があればこそと思うが、私の父がとにかく庭いじりが好きだったことが、あるいは直接の原因かもしれない。何かにつけて意見が衝突した父と私であったが、年をとるにつれて血はいよいよ争えないものとみえる。

美術館の庭園は、大阪芸術大学の中根金作教授に設計いただいたもので、築山林泉式庭園と枯山水式庭園から成っている。だが、出来上がった現在の庭のたたずまいはむしろ、足立全康作と

毎日どこかに手を入れる恒例の庭づくり風景

いったほうがよいかもしれない。昭和四十五年秋に開館して以来、毎年のように絶えずどこかをいじくりまわしてきたので、庭の風景はしょっちゅう変わり、設計時の面影はあまり残っていない。

昭和五十五年十一月だったか、細川隆元氏と土屋清氏との「時事放談」が、当館の茶室『寿立庵』(桂離宮にある小堀遠州作『松琴亭』の面影を写した茶室)から生中継されたとき、土屋氏から、

「遠景、中景、近景の組み合わせが素晴らしい。西の修学院離宮と言ってもよいね」

とお誉めの言葉をいただいた。それを受けて、あまり誉めることのない細川氏も表情を和らげ、

「美術館と庭がマッチしている」

と庭のたたずまいに目を細められた。

私の場合、収蔵品を喜んでいただくのはもちろん嬉しいが、庭を誉められると殊のほか嬉しい。というのも、庭の一木一草に至るまで、私の目と心がつぎ込まれているからである。

中根先生の設計図をもとに、石組みや木の配置、築山の起伏など一つひとつに注文を出し、私の思い描く庭園の姿に近づけた。庭からほんのちょっと目を上げると、そこには戦国時代の昔、毛利、尼子の両雄が戦い、毛利氏が戦勝を記念して名付けたという勝山が連なっている。その背後には、この地方で一番高い京羅木山《きょうらぎさん》がヌッと頂を突き出している。四季の変化をいち早く知らせてくれる、見張りの山でもある。

また方角を転じると、飯梨川の西岸近くには月山が横たわっている。そうした借景を利用して、今までにないスケールの日本庭園を築きたいというのが私の青写真だった。

そのため、京都の二条城や住友家の別邸、橋本関雪の白沙村荘など、個性的な名園を何か所か見てまわった。この中では、特別に見せてもらった住友家の庭が素晴らしかった。庭が良ければ、建物も一段と映える。何よりも、周辺の空気がピリッと引き締まって清々しい。

私の庭づくりに賭ける情熱は、名園に刺激されてますます昂じた。やればやるほど面白くて奥が深く、そのことがなお、いっそう私の創作意欲をかき立てた。

開館した当初の庭は芝生を敷きつめただけだったが、昭和四十七年に本館とも呼ぶべき二号館の増築に着手する際、本格的な日本庭園を造ることを計画した。開館した当初こそ、地元の人たちをはじめ、近隣から大勢の人が押しかけてきたが、観光シーズンの春秋のみに人が集まるだけで、まる一年が経つと、パッタリと来館者が途絶えた。

この間、常設展示のほかに『榊原紫峰遺作展』『横山大観展』『近代日本画巨匠名作展』など、いろんな企画催事を開いたが、相変わらず入館者の数は期待したようには伸びなかった。月に一万人も入れば御の字で、数千人という不入りが続いた。実は、ままならぬ入館者数には開館して以来、十年近くにわたって悩まされ続けることになるのだが、正直言って、美術館運営がこれほど難しいものとは思わなかった。

いずれにしても、このままではジリ貧になるばかりだと、思い切ってそれまでの敷地面積を倍増し、建物も庭も一段と立派な美術館へと衣替えをはかった。天皇陛下をお迎えするための貴賓室も設計のなかに入れた。何事も中途半端は嫌いな性分で、しかもやるとなれば前進あるのみ、それが私流のやり方だった。

この貴賓室を作ることには最初、みんなが反対した。

「天皇陛下をお迎えするなんて、そんな夢みたいな話、実現できるはずないからやめといたほうがええ」

と口を揃えた。確かに、そういう話はいっさいなかったが、いつか必ずお越しいただけると信じていた。後年、島根国体が開かれたおり、陛下のご名代で三笠宮憲仁親王殿下〔平成十四年十一月二十一日薨去〕にご来館賜り、その数年後には、浩宮（現皇太子）殿下、常陸宮同妃両殿下にもおいでいただいたことで、夢が果たせたように思う。

昭和四十八年七月の完成を目指して、貴賓室を含めた二号館の増築および枯山水式庭園の造園工事が始まった。私は美術館に腰を据え、日夜、庭造りの陣頭指揮をとった。人を集めるには、自他ともに認める美術館にするよりないと、あらためてふんどしを締め直した。

ブルドーザーやクレーン車が縦横に動きまわる中、苔と語らい、岩に心を砕き、松のささやきに耳を傾ける毎日が始まった。

頭のなかは、寝ても覚めても庭のことでいっぱいだった。ひとつのことに熱中すると、ほかのことは目に入らないのが私の常である。食事のときも寝床にあっても、庭のことが片時も脳裏から離れなかった。そうした意識の底には何としても日本中の人を当美術館に呼んでやるんだという、強い気構えがあった。

昭和61年10月、浩宮（現皇太子）殿下をお迎えして

いよいよ、あと半月もすれば庭が完成するという六月中旬、『㈱日美』の社員旅行があった。一応、庭づくりの目安もついたので、のんびりしてこようと、私は服部さんや説子ら七人と連れ立って能登半島の和倉温泉へと向かった。

全員がそろった初めての社員旅行ということで、特急『雷鳥』の中はにぎやかなことこのうえもない。お互い、気心の知れた連中ばかりでもあり、私もみんなと一緒になって、ワイワイガヤガヤとやっていた。が、ともすれば意識はすぐに美術館の庭のことに飛んだ。目をつむると、どこにどんな形の石があり、木々の枝ぶりがどうなっているか、またツツジやサツキの植栽はどうなっているか、庭の全景が手に取るように思い浮かぶ。それこそ、一木一草すべてが記憶のなかにしまい込まれていた。

それがゆえに、あそこをこうしよう、ここをこう直そうと、いろいろ頭のなかで考えていると、のんびりと旅行気分に浸ることもできない。いっ時も早く帰って、手を入れたいと思うばかりだが、まさか列車から飛び降りるわけにもいかない。おとなしくして、車窓の風景を追うのみだった。骨休めが目的の慰安旅行なのに、まるで効き目がない。こういうのを苦労症というのだろうか。

金沢に一泊したあと、われわれ一行は急行『能登路』に乗り換えた。みんな上機嫌だが、私の気分は相変わらずいまひとつ冴えない。自慢の作り笑顔も、しょぼくれ気味である。

汽車は北陸本線から分かれて七尾線に入ると、やがて日本海が山の合間から見え隠れし始めた。そのうち急に視界が開けて、半島の稜線に沿って松並木の続くのが見えてきた。遠目ながらも、しなやかで枝ぶりも見事な赤松の帯である。せり出した山々にも松が群生している。

それを見た途端、

「何と、ええ松やなあ！」

ため息とともに、その松が無性に欲しくなった。庭に植えればさぞ立派に違いない。そう思うと、私はもう、はやる気持ちをどうすることもできない。車掌に次に止まる駅を尋ねる間もなく、

「ワシは次の駅で降りる」

「えっ、どこか気分でも悪いん？」

そばの説子がびっくりして、心配そうに私の顔をのぞき込む。

「そうやない。今から松を買いに行くんや」

「どこへですか？」

「さっき、ええ松があったやろう」

「松って、いま汽車のなかから見たあの松ですか？」

「そうや」

説子は呆れてものが言えないといったふうで、

「冗談でしょ？」

「あんなええ松はちょっとないぞ。今、行かんとあとで後悔することは目に見えちょる。ワシ、ひとりでも行く」

というわけで、七人全員が手に手に荷物を抱きかかえ、次の羽咋《はくい》駅で慌ただしく降りた。そし

てすぐにタクシー三台に分乗した。

「運転手さん、悪いけどあそこまでお願いしますわ」

「はっ？」

「ずっとむこうに松が見えますやろ、あそこまで行きたいんですわ」

私の乗った車を先頭にして、三台の車が松の見える場所まで直行することになった。昼の一時を過ぎたところだった。運転手は、けったいな客を乗せたと思ったのだろう。バックミラー越しに怪訝そうな表情で私の顔をちらっちらっと見ている。

私の胸は高鳴っていた。即断即決の面目躍如と言いたいところだが、実際はわがままといったほうが近いかもしれない。口にこそ出さないが、みんなの顔を見ると、一様に不満そうな表情をしている。また、いつもの虫が起きた、と。しかし、私にすればそんなことは構っておれない。庭こそわが命、そんな心境だった。

ところが、この松探しは大苦戦だった。かなたの山ひだを見ながら、あるいは海岸線を見下ろしながら、松だけを目当てに、

「それ行けえ！」

という調子なのだから、まるで騎兵隊の突撃である。目的地に着くまでにむやみやたらと時間がかかり、いざ、その場に立ってはみたものの、まさか山や防砂林の松を勝手に引っこ抜くわけ

にはいかない。タクシーの運転手やら地元の人に、山の持ち主や造園業者を聞いてまわったが、何しろまったく見知らぬ土地での飛び込みなので要領を得ない。せっかく、見つけたと思ったら今度は肝心の松がいま一つで、列車のなかから見たのに比べるといかにも貧相だったりして、空振り続きだった。

何軒か回っているうちに日がだんだんと傾き、さすがの私も焦りを感じ始めたときだった。地元の人から、

初めての社員旅行　忘れられない赤松探し

「松のことなら、金松園《きんしょうえん》の塩谷さんが一番ですよ」

と教わった。まさにそれは天の声だった。私は勇躍して金松園におもむき、そこでやっと希望する赤松を入手することができた。

以後、これがきっかけとなって、金松園にはそれから三年ほどの間に十回くらい出かけては、数百本の松を能登半島からトラックで運んだ。庭造りのなかでの忘れられないドタバタ劇だった。一念天に通ず、の好例といえようか。

美術館にはいま、約九百本の松（赤松が八百本、黒松が百本）があり、庭の景観を盛りあげているが、赤松はすべ

て能登の産である。

余談だが、金松園で赤松を見つけたあと、われわれはすぐに宿泊先の旅館に向かったが、到着したのは夜も九時を過ぎていた。全員、車に乗りっぱなしで身体はクタクタ、しかも料理はすっかり冷え切っており、とんだ旅行となってしまった。その時、

「お蔭で一生、忘れられない旅行になってしもうたわ」

と誰かが言ったので、みんなドッときた。素晴らしきかな社員たちである。

枯山水式庭園のもう一つの主役である奇岩巨岩は、中国山脈の山沿いの町・岡山県新見市を流れる小坂部川《おさかべがわ》から、持ち運んだものである。中国山地は石の産地として有名なところだ。風雪をくぐり抜けてきた自然石の黒光りした肌合いは、これまた庭にはなくてはならぬ存在感、重量感を訴えている。

昭和四十八年七月、こうして六百坪近い二号館とその付属庭園は、能登の赤松、新見の自然石を各所に配して完成した。

また、庭園の見どころの一つにもなっている『亀鶴《きかく》の滝』は昭和五十三年十一月に開館八周年を記念して開瀑した。横山大観の「那智の滝」をイメージにしている。

その年のある五月晴れの朝、いつものようにロビーから庭を見まわしているときのこと、枯山水の借景として半島のように突き出た亀鶴山が目に留まった。その瞬間、山肌に滝の落下するシ

ーンが浮かんだ。緑したたる木々にまじって、水の動きがあれば一段と風景が締まってくる、と考えたのである。

池庭の平面的な水の落ち着きと、立体的で雄大な滝の動き。それはいかにも、名園の名にふさわしい。「那智の滝」は、日本人が誇る神々の宿る名瀑である。その恩恵に少しでもあやかりたいという気持ちも少なからずあった。私は早速、亀鶴山の所有者に意を伝え、理解と協力を仰いだ。その結果、この地に突如として、滝の落ちはじける音がこだますることになったのである。

高さ十五メートルの滝は、実物の那智の滝の迫力には遠く及ばないが、当美術館の庭の情趣には欠かせぬ点景と自負している。静寂のなかで聴く落下の水音は、厳粛にして清冽である。

開館８周年を記念して亀鶴の滝が開瀑

この滝の完成にともなって、周辺の無粋な電柱は景観の邪魔になるということで、地元中国電力の特別な計らいで地中に埋めていただいた。それによって、借景の美が一段と引き締まったことは言うまでもない。

枯山水式庭園と並んで、当美術館の誇るのが白砂青松庭である。一号館の前に広がるこの庭は、横山大観の名作『白沙青松』の持つ雰囲気を表現している。今から十数年前にその絵を見たとき、これと同じような庭を造ってみようと思い立ち、心血を注いだ。

築山の傾斜や松の形に気を付け、さらに池の先に滝を配して、全体に流動感を持たせるようにした。石は佐治石である。白砂の上に点在する大小の松の緑のコントラスト、それに池や雪見灯籠との配置の妙をご観賞いただきたい。

また池庭の動、苔庭の静も、是非じっくりと見てほしい。苔庭は、第一回卓越技能賞を受賞した小島佐一氏の設計になるものだ。庭全体のことを考えて、メリハリがつくように配慮されている。一つの敷地内にこれほど多様な庭の美を有しているところはないと自負している。

その頃の私は毎日、枯山水式庭園を一望する喫茶室『翠《みどり》』に顔を出し、手前から三番目のテーブルに腰を下ろして、一木一草の大きさ、形を徹底的に頭のなかに刻み込んだ。そして、絶えず理想のイメージを思い描きながら、庭に降り立った。

庭造りを始めてから、かれこれ二十有余年になるが、まだこれで満足だということはない。というのも、庭は生きているからだ。モミジの一葉、松の一枝の傾き、築山の芝生の伸び具合……と、背景の山々と溶けあって日々刻々表情を変える。それが何ともいえず神秘的で、庭に寄せる私の情熱を煽って止まない。

現実に、庭のたたずまいは午前中に見たときと午後とでは全く違う。もちろん四季によっても大きく変わる。そういう意味では、一日として同じ表情を見せることがない。それはどこか、花を活けるのと似ていて、高低、奥行き、強弱のバランスのうえに成り立っている。

そうした庭園美の陰の演出者、というよりもむしろ、名脇役を演じるのが美術館の背景の山々である。季節によって春雨に霞み、秋色に燃え、雪景に沈黙する。それはもはや、人為の遠く及ばない自然の偉大な力であり、ただただ黙して合掌するのみである。

美術館には現在、常時五人の庭師が待機している。簡単そうに見える水やりも、それぞれの樹木の状態や芝生の傾斜によって分量を変える。松の整枝も年に三回行うが、九百本の木一本ずつすべて手作業である。最初の頃は自分が一人ひとりに指示を与えていたが、いまではみんなちゃんと心得て、管理整備に当たっている。

一般の方たちに混じって、当館の噂をきき、日本造園協会の会員の人たちも毎年、四季に応じて見学に訪れてくる。となれば、当然こちらも気合が入る。

本当の素晴らしい庭は、人々の心を癒してくれる。めまぐるしい現代社会に生きるわれわれだからこそ、都塵を離れ、心を浄め、清涼のひとときを持つ必要がある。とりわけ、日本庭園は憩いの場、心のオアシスとして日本人の感性に極めて近しいものがあると思う。また、精神を統一し、英気を養うには格好の空間といえよう。

そういう思いに立って、一度だけ茶室庭園づくりを指導したことがある。来島ドックの坪内寿夫さんに請われて、松山市のホテル奥道後にある茶室「吟松亭」の庭園づくりにかかわった。旧松山藩主・久松家ゆかりの茶室だ。この時、坪内さんは、

「これまで、事業が忙しくて庭園の素晴らしさを知りませんでした。将来の知恵や英気が養われるのなら、夫婦で仲良くお茶でも習わないといけませんね」

と笑顔で話しながら、

「〝戦争〟に負けたら会社はつぶれ、社員は路頭に迷います。そうならないためにも、庭を眺め、頭を休め、次なるアイデアを生む〝日本一〟の庭園にしたい」

と決意のほどを語った。身体を張って生きている人こそ、庭園と静かに語らう時間が必要だろう。


私ごとで言うと、素晴らしい美術品と庭園に囲まれ、日々、心の安らぎを得ていることが、あるいは健康の秘訣になっているかもしれない。

「自然」と「人工」の調和の美、私は日本庭園こそ『一幅の絵画』という理念に立って、いまも作庭に心を砕いている。

大観に惚れ抜いた半世紀

足立美術館は、時に「大観美術館」と呼ばれることがあるらしい。近代日本画史に不滅の足跡を刻む横山大観の名品が、数多くコレクションされているところから、そう形容されるのだろう。確かに、足立コレクションの基盤となるものは近代日本画だが、その量、質ともに骨格をなすのは横山大観である。長年、大観の偉大さに心酔してきた私としては、本懐を遂げた気分である。

大観の魅力をひと言で言うなら、着想と表現力の素晴らしさにあると思う。それは恐らく誰も真似できないだろう。常に新しいものに挑戦し、自分のものとしていったあの旺盛な求道精神が、その作品に迫力と深み、そして構図のまとまりの良さを生んでいる。百年にひとり、あるいは三百年にひとりの画家といわれるゆえんも、そこらあたりにあると思う。

そんな大画家と私のような落第生とが、絵を通じて縁を結ぶというのは何とも不思議としか言いようがない。人生に対する心意気と気構えにおいて、少しでも似通っているものがあるとすれば、これほど嬉しいことはない。

大観の作品については、いろいろと思い出がある。その中の一つが、絵画暴落で大損したときの「救世主・大観」である。

あのとき、私が洋画の投資によってこうむった損害はざっと十五億円に上った。そのため手持ちの土地を売ったりしたが、とてもそれだけでは賄い切れない。そこで目を留めたのがほかならぬ大観の作品であった。心情的には、必死になって集めた絵なので手放したくなかったが、背に腹はかえられぬ。断腸の思いでコレクションの半数近い七十点を売り、借金の返済に充てた。

洋画がみるも無惨な暴落を続けているとき、ひとり超然と値段を維持している大観に、底知れぬ魅力を感じたのは実にその時であった。それとともに、集めるならやはり日本画だと決意を固めた。

実は暴落する直前のことで、ある別の画廊から、

「目をつぶって買っときなさい」

と大観の『南溟の夜』が持ち込まれたことがあった。大観の気迫が感じられる、非常にいい絵なので喜んでいたところ、絵画暴落の報が走り、洋画がドーンと下がってしまった。その時点ではまだ未払いの洋画があったが、約束通りの金額を支払った後、今の相場でよいから買ってほしいと画廊に買い取ってもらった。そのため『南溟《なんめい》の夜』を買うことができず、泣く泣く返却した。

この絵はその後、ある画商のところで盗難に遭い、八方手を尽くして探したが、杳《よう》として行方が知れなかった。名画は一度手放すと、二度と戻ってこないことを知っているだけに、すっかり諦めていた。

ところが、それから七、八年経った頃だったろうか、ある木材会社の社長がこの絵を持っているという情報が飛び込んできた。私は勇んだ。いくら探しても見つからなかった絵がいま、奇跡

的に所在を明らかにしたのである。

私は情報を提供してくれた業者を通じて、その社長に来てもらった。

「気い悪うせんで聞いてもらいたいんやが、あんたさんが持っている『南溟の夜』は個人で持つ絵やない。あれは、相次ぐ玉砕の悲報に、大観が南方の皇軍将兵に想いを馳せながら描いた鎮魂の絵です。そこに描かれている精神からいって、美術館が所有すべきものや思いますねん。それに、この絵は一度盗難にもあっている。精神の定まらぬ兵士のうめき声が聞こえてきそうに思わんですか。こういう曰く因縁のある絵はやはり、私蔵するもんやない。お宅に災いがなければええが、もし何かあったとき、その絵を売ろうとしても、買い叩かれる恐れかてあります。どうでしょう、良ければ、ここにある大観のどの絵でも構わんさかい、交換してくれませんやろか」

　私の話に、社長の顔はみるみる青ざめた。今まで考えてもみなかった大観の精神を知り、気味が悪くなったようであった。この絵が盗難にあったことも知らなかったが、社長はしばらく考えたあと、

横山大観「南溟の夜」

「ようわかりました。そういう事情のある絵なら、お譲りしましょう」

私の意を気持ちよく理解してくれた。こうして『南溟の夜』は、美術館に戻ってきた。

私の観るところではこの絵は間違いなく、南方の島で玉砕した兵士たちの魂や、危機迫り来る日本本土を象徴的に描いていると思う。島に打ち寄せてくる波の動きは米軍の艦艇が包囲している姿を、椰子の上空に散らばる星雲は自爆している特攻機を表わし、手前に折り重なって暗影をたたえた草木は玉砕した将兵の屍であろうか。

また、椰子林を圧倒するかのように生い繁る桜や松は神州日本の象徴であり、拡がる靄《もや》は祖国のために死んでいった将兵らの霊魂でもあろうか。画面半分の明るさは、『我々は死んでも、祖国日本は健在であり、不滅である』という将兵の気迫を、ひいては大観自身の気迫を物語っているかのようである。戦争画を一幅の風景画に託して表現したところに、画傑大観の並々ならぬ偉大さを感じるのである。足立美術館発行の『大観名品百選』に載っているこの絵の解説だけは、当館の学芸員に代わって、私自ら筆を執ったものである。

大観の作品には大作・小品にかかわりなく、どれも愛着がある。だが、そのなかで一番思い出の深い作品といえばやはり、昭和五十四年に北沢コレクションから一括購入した『紅葉』『海山十題』をはじめとする作品群だろう。

北沢コレクションというのは、東洋バルヴの創業者である北澤國男氏が精力的に買い集めた美術品のコレクションであり、その内容は近代日本画のみならず、洋画や陶磁器、工芸など、分野的にも多岐にわたっている。

そもそも、当館が北沢コレクションを買うきっかけとなったのは、昭和五十三年四月に開かれた「横山大観展」（名古屋・丸栄）である。そこに大観の作品中で最も絢爛豪華な、極彩色の六曲一双屏風『紅葉《こうよう》』が出品されていた。たまたま服部さんと説子も一緒で、会場に一歩足を踏み入れるなり、私たちはその素晴らしさに感動した。

名実共に大観美術館となって感無量

この絵のことについては画集等でもちろんよく知っていたが、実物を前にして私の胸は高鳴った。すぐに何が何でも手に入れるんだ、と新聞社を通じて持ち主を捜したところ、それは北沢コレクションの一部ということで、いまは東洋バルブの管財人である、三井物産が持っているとのことだった。

偶然というか、巡り合わせというか、会社の倒産にともなって、「幻のコレクション」と言われた北沢コレクションが管財人の手元に渡っていたのである。それはまさに千載一遇のチャンスであった。

北沢コレクションはこれまで門外不出で、写真もあまり撮らせなかったことから、関係者の間ではずっと「幻のコレクション」と言われてきた。その幻の名画がいま目の前にあり、しかも、さあどうぞとばかりに、微笑みかけている。

私は服部さんとすぐに上京し、日本を代表する商社の一つである三井物産の担当者と掛け合った。すると、

「大観の作品は『紅葉』以外にも、まだ十何点ありますよ。よかったら一緒にどうですか」

と耳寄りな話であった。作品がいよいよ身近なものに感じられてきた。だが、私は内心、複雑な気持ちだった。というのも、その頃はまだ洋画のショックが完全に抜け切っておらず、『紅葉』一点買うのが精一杯だと思っていたからである。とても十数点の大観を買う余裕などなかった。

ところが、同行の服部さんはケロッとした顔で、

「値段さえ合えば、買いましょう」

と太っ腹なところをみせた。金はどうするつもりかいな、と私は気が気でなかった。が、他の作品を写真で見せてもらったところ、よだれの出るものばかり。ほとんどが展覧会の出品作だった。しかも驚いたことに、そのなかに、私が夢にまで見た『雨霽る』(「海山十題」より)が含まれていたのである。この絵は私が長い間、画集から切り抜いて額に入れ、毎日飽きもせず眺め続け

てきた愛着のある作品であった。さらにもう一点、名品の評価が高い『海潮四題・夏』（「海山十題」より）もあった。

金さえ都合がつくなら、と私は思った。これだけの名品だ。是非美術館のコレクションに加えたい。そして『大観美術館』としての名前を一気に高め、足立美術館の存在を広く日本中に知らしめたい。大観の名作の収集、展示をもって足立美術館の最大の骨格とすることこそ、終生の願いではなかったか。私は胸が高鳴るのを禁じ得なかった。

それというのも昭和五十一年、山種美術館が安宅産業から、速水御舟の作品百八点をそっくり購入して世間の注目を集めたとき、こちらは洋画で手痛い打撃を受けたさなかであった。その時、どれほど悔やしい思いをしたことか。美術館はやはり、どこにもない〈目玉〉というものを持たなくてはいけない、と痛感したばかりであった。

名画との出会いは、一期一会である。人間の出会いと同じだ。一度、チャンスを失うと、先ず再び巡り合うことはない。

私は東京からの帰途、服部さんに尋ねた。

「ほんまに、金のほうは大丈夫やろうね」

「お金の工面は帰ってからです。会長らしくもない弱気ですね。即断即決は専売特許なんでしょ。私だって、これほどの大観はいま買っておかなくてはいけないことぐらいわかります。こういうチャンスはめったにあることではないのですから。お金は何としてもつくりましょう」

洋画の失敗以来、以前にもまして世話になりっぱなしの私であった。いかなる時にも明るい彼女の笑顔と心配りにどれほど勇気づけられたか。ソロバンはもとより、私にとっては何物にも代え難い知恵袋でもあった。

以後、私は一年半にわたって、それこそ東洋バルヴ美術品処理委員会に日参した。大観の名品を手に入れたい一心だった。この間、金額をめぐって多少の紆余曲折はあったものの、ほとんど相手の言い値で話がまとまった。そしていよいよ契約を交わすだけという段階になった時、先方から突然、

「『雨霽る』と『海潮四題・夏』の二点は、外させてもらいたい」

と言ってきた。私はびっくりして、

「今になって、そういう話はないでしょう。その二点が抜けては何もならん。話が違う」

と強く抗議したものの、ラチがあかない。そのため、私は服部さんと説子のふたりを連れて東京に出向いた。

約束の時間に着くと、われわれは会議室に通された。そこにはすでに、処理委員会の委員十数人がずらっと居並び、われわれを待ち受けていた。これから裁判でもやるような緊張した空気が張りつめ、まるで被告人席にでも座る気分である。しかも目の前に座っているのは、三井物産、

日商岩井、丸紅、伊藤忠と、日本を代表する商社の面々だった。

美術館のパンフレットを出席者一人ひとりのまえに置くと、私を真ん中にして、右に服部さん、左に説子が座った。

私はつと立ち上がり、

「まるでロッキード裁判やねえ」

とひと言、ジョークを発して自分の気持ちを落ち着け、やおら胸のうちをさらけ出した。

「今回の横山大観の作品購入については、ワシは美術館だけの問題として考えてきたわけやないんです。これだけの作品は、美術館がそっくり買い取って保管展示し、内外の人々にひとりでも多く見てもらってこそ、はじめて生きた文化遺産になる。そう思うて交渉に当たってきたつもりです。そやから、値段についてもほとんど文句をつけちょりません。そのことはみなさんにもようわかってもらえたと、ずうっと思うとりました。

ところが、今頃になって急に『雨霽る』と『海潮四題・夏』の二点は、外してくれとはどういうことですか。この二点は、他の作品とは意味が違うんです。大観が日本国のためを思って描いた記念碑的な絵です。美術館が持ってこそ、はじめて価値も高まるというもので、広く一般に、愛好者に公開することは、いわばわれわれの務めでもあると考えとります。みなさんも、そう思わんですか」

私の熱弁に気圧《けお》されて、委員会のひとりが、

「足立さん、これにはこちらの事情がいろいろありまして。別に、お宅に不満とか文句があるわけではないのです」

と説明したので、

「えぇですか、ワシのいまの立場は言うてみれば、ひと目惚れの女に一年も通いつめて、枕金も決めて、さあいよいよ床入りというときに枕をもって逃げられるようなもんですわ。そりゃあんまりじゃないですか」

と最後は泣き落すように言った。その途端、それまでしかめっ面していたお歴々の間から、ドッと大きな笑い声が上がった。そしてそれがきっかけとなって、シーンと静まり返っていた場の雰囲気が一遍に和んだ。このあと、大観の二点の作品は最初の約束通り、リストのなかに加えられることになった。

美術館がその時、購入した大観の作品は全部で二十点である。その内訳は、『浅春』、『夏之夜』、『晩秋』、『冬之夕』、『麗日』、『杜鵑』、『三保不二』、『嵐山』、『夜深し』、『梅花薫る』、『雨白し』、『相生の松』、『春風秋雨』、『曙色《しょしょく》』、『寿』（書）、『漁火』、『神州第一峰』、そして『紅葉』と海山十題のなかの『雨霽る』『海潮四題・夏』である。購入金額は八億円であった。

当時としてはちょっと破格の値段でもあり、日本経済新聞やＮＨＫテレビの「スタジオ一〇

一」に紹介されたりして、大きな反響を呼んだ。今となってみればむしろ安い買い物であったと思う。人生はドラマだというが、絵の購入もまたドラマであり、執念である。

後日、処理委員会の方にお目にかかったとき、

「いやあ、あなたのあの床入りの話には参りました。あれでみんなの腹が決まった。私もこれまでいろんな名演説を聞きましたが、あれほどの殺し文句は知りません」

と笑顔で言われた。われながら、一世一代の名セリフだった。

この後も、旧北沢コレクションのものを何点か購入したが、それからは二度とトラブルが起きたりすることはなかった。

それにしても、大観の「海に因む十題、山に因む十題」のうち、何点が現存するのだろうか。現在、当美術館には四点の作品があるが、そのうちの二点は北沢コレクションから購入したものであり、あとの二点は「海に因む十題」のなかの『海潮四題・冬』と『曙色』である。最初の二点を購入したときから、常に他の作品が気にかかり、何とかして一点でも多く手に入れたいと思い続けてきた。しかし、それはほとんど夢物語に近かった。大観のなかでもとりわけ、人気の高い作品である。市場に出てくることなど、ほとんど考えられない。よしんば、出てきたとしても贋作と思ってほぼ間違いなかった。

それだけに、あこがれの『海潮四題・冬』を手に入れたときは嬉しかった。この絵は「海に因

む十題」の中でも特に出来が良い作品といわれ、私も大好きな一点であった。

静かな夜の海の天上に三日月が昇り、その光を受けて波頭が輝いていたゆたい、まるで太平洋のど真ん中にいるような、そんな雄大な気持ちになる。広大な海の深さとおおらかな波のうねり。さすがに大観だとあらためて驚かされる。

また『曙色』については、数年前だったか、東京のある画商が半信半疑で、

「『海山十題』の中の一点ですが……」

と言って持って来たもので、最初はあまり気乗りがしなかった。「海山」については、その九割以上が偽物であり、今度もいずれその類だろうとくらいに考えていた。

「本物だったら良いのに……」

と相変わらず不安げな画商の表情からも、とても期待できそうになかった。ところが、いざ詳細に調べてみると、正真正銘の本物だったのである。さすがにその時は、立ち会った全員がびっくりした。出会いがいかに大切かを、ここでも知らされたことであった。

朝方の海に帆かけ舟と漁船が浮かぶ静かな絵で、暁の空と海の色と、白浜の調和がとても美しい。気品のある作品でこれまた、清澄な大観の画境が偲ばれる。

今後、「海山十題」の作品を新たに入手できるかどうか分からないが、数点は所在が判明しているので、何とか持ち主を説得して、恒久保存のきく美術館の所有にしたいと考えている。

ところで大観の作品のなかで、買い損ねて悔やしい思いをした絵が一点だけある。『暗香浮動』という、二尺五寸くらいの絵がそうだ。確か百二十五万円だったと記憶している。買うつもりで預かっていたのだが、アテにしていた金が入らず、もったいないと思いながらも返してしまった。そうしたらすぐに他に売れてしまい、後から金ができて買い戻しに行ったが、いくら積んでも絶対に売らないと断られた。いや、まったく名作との出会いは、縁である。絵を集めるには金ではない。値段ではない。いいものが出たら、目をつむって買うことだ。惚れた女にアタックするのと同じ理屈だ。

足立美術館の顔ともいえる「大観特別展示館」は、昭和五十九年九月一日にオープンした。横山大観の作品を常設展示するため、総工費八億円をかけて増築した。「大観美術館」と言われているのに、大観の絵がいくらもかかっていない、という声に応えて設けたものである。

ここには当館が所蔵する百三十点の横山大観の作品のうち、常時、二十点前後が展示されている。美術品保護の立場から、ケース内二十四時間完全空調や、鑑賞者の出入りによって照明が点滅する自動調光など、全国の美術館でも珍しい設備を整えている。

『最高の絵を最高の環境で観てほしい』

という私の願いがご理解いただければ嬉しい。

何度も言うようだが、大観の絵はほんとうに素晴らしい。観れば観るほど、魅きつけられる。

他のどの作家のものを横に並べてみても、ひとり超然と聳えている感がある。これは私の体験からくる実感である。

個人の趣味で言えば、これまで触れた作品のほかに、『神州第一峰』や双幅の『朝嶺・暮嶽』、水墨画の『夜深し』などが特に気に入っているが、これからも大観の絵であれば、どんなに無理してでも買うつもりでいる。大観はまさに私の「一生の恋人」であり、その名作の収集と展示は、寸時も脳裏を去らぬ一生の課題でもある。

交遊抄・思い出あれこれ

足立美術館にはほかの美術館では見られない、いくつかのユニークなアイデアが取り入れられている。その一つに「生《なま》の掛軸」というのがある。床の間の壁をくりぬいて、たて百三十二センチ、よこ七十四センチの穴を開け、背景の庭を生きた山水画に見立てようとするものである。穴には透明のガラスをはめ込んでいる。

この発想は、私が師と仰ぐ米子商工会議所の名誉会頭だった先代の故坂口平兵衞さんから頂戴したものである。坂口さんは、「山陰の御三家」のひとつといわれる名家の当主で、山陰合同銀行、米子信用金庫を創り、山陰放送、米子高島屋、米子国際ホテルの会長のほか、幾多の要職にも就かれ、山陰の経済、文化の発展に大きく寄与した人格者だった。

この坂口さんとは、昭和四十五年秋に美術館がオープンした時からのお付き合いである。絵のことはもちろん、庭園や建物の内装に至るまで、あらゆることに指導、助言を得てきた。本宅の床の間をくりぬいて、入り口から背後の庭園が見えるようにした「生の掛軸」も、実は皆生温泉で一杯やっているときにアドバイスしてもらったものである。

確か、美術館が開館して半年ほど経った頃だと思う。皆生温泉の東光園でともに飲む機会があり、その時、坂口さんは杯を口に運び、ニヤリと笑いながら、

「いいですか、これはあくまでヒント、ヒントだがね」

といつもの間接的な言い回しで、

「足立さん、あんたとこの床の間の壁をぶち抜いたらどうやろうなあ」

「はあ、そりゃまた、どういうわけで……？」

「壁の向こうは、あんたが手塩にかけたご自慢の立派な庭や。それが玄関に立ったら、パッと床の間の中央に見える。人は一瞬、これはどうなっとるんだろうと、目をパチクリさせるに違いない。どう、ちょっと、面白いように思うんだがね。いちいち絵を取り換えなくても、朝な夕なに自然が勝手に景色を演出してくれる。四季の変化はなおさらのこと、風情があって面白いよ」

「なるほど。それは面白いアイデアですねえ。床の間に掛かっているのは絵でもなければ、墨書でもない。生きた風景、つまり生の掛軸というわけですね」

そう言われてみれば、夏の暑いとき、玄関の開き戸も家の障子も窓も、全部開けっ放しにしておいたことがある。そうしたら向こうの庭が素通しで眺められたことがあり、思いがけないもうひとつの庭の美しさを発見したことがあった。

——奇想天外と映るかもしれないが、一度試してみるだけの価値はある。

私は早速、美術館に帰ると、この前代未聞の奇抜な発想を職員らに提唱した。しかし、全員が全員このアイデアには猛反対した。

「床の間に穴を開けるなんて」

と口を揃え、大工は大工で、

「とても出来ない相談」

とまるで相手にしない。何を血迷ったか、冗談もいい加減にせえ。まるでそんな口ぶりである。

私がいくら説得しても、拝んでも、さっぱりラチがあかない。

かくなるうえは、問答無用。実行あるのみと、私はいきなり壁のまえに立ちはだかった。

生の掛軸のアイデアを頂いた坂口平兵衛氏ご夫妻と

「それじゃ、ワシがひとりでやる」

アッと驚くみんなを尻目に、大きなカナヅチでドンドンと壁をぶち抜いてしまった。そうなるともう取り返しがつかない。とにもかくにも、体裁を整えるしかない。

大工はまるで腰をぬかさんばかりの顔をして、

「私はこれまで、趣向を凝らした家や部屋をいくつも見てきたが、床の間をくりぬいた御仁には初めてお目に掛かりました。いやあ、世の中にはとんでもないことを考える人がいるもんだねえ」

驚きを通り越して呆れたふうだった。

「生の掛軸」はこうして、横山大観コレクションと並ぶ、美術館の名物となった。ガラス越しに向う側の白砂青松庭が望め、自然の木々、滝、石組みなどが、ちょうど床の間にかかる一幅の山水画のように眺められる。あらかじめ計算して庭を造ったわけではないが、計ったように床の間におさまった景色は、坂口さんと私との自慢の共同制作である。

これがきっかけとなって、「生の額絵」「生の双幅」「生の衝立」が相次いで生まれることになった。もとはといえば、坂口さんのひと言がヒントになっている。何とお礼を言っていいやら。坂口さんにはまた、正面玄関入口の定礎に、〈財団法人足立美術館〉と揮毫《きごう》してもらった。堂々とした風格のある書体で、私はひそかに誇りに思っている。忙しい方だったが、暇がちょっと出来ると、

「いまどうなってるかな？」

とよく美術館に出かけてくださった。そして庭園を造るときも、建物を改築するときも、いろいろと指示していただいた。坂口さんも私に輪をかけて、庭いじりが好きだった。ご自分の庭を一冊の本にまとめた立派な写真集を出されているほどだ。

坂口さんは決して、ああしろ、こうしろというような物言いはされなかった。最終判断はあくまで相手に委ねるという態度で、いろんな知恵を授けてくださった。しかもそれらは後で考えてみると、ズバリ的を射ていることがほとんどだった。投機的なものには手を出すなとか、もっと

人のためになることをやるべきだとか、頭《こうべ》を垂れて聞くような教訓ばかりだった。

私はそもそもが無粋な人間なので、随分と無躾な話もしたと思うが、怒られたり、機嫌の悪い顔をされたことはない。そのため、私も甘えて戒名の相談までしたくらいだ。自他ともに女好きを自認しているので、戒名のなかに「好色」という文字を入れていたら、坂口さんはそれをすぐさま「高色」と変えられた。

「ええですか。美術館の理事長たる者、どこまでも威厳を持たんといかん。ここは黙って、私の言うことを聞きなさい」

後にも先にも、坂口さんが命令口調で私に言われたのは、この時一度きりである。

〈美術院高色庭園居士〉

これが坂口さんによって改められた、私の戒名である。

「好色とはそのまますばりで、何となく安っぽい。次元と品の高い色、つまり〝高色〟としたほうがどれほどええか。庭も絵も安っぽい色ではない。品格のある次元の高い色だからねえ。ああ、これで納まりがよくなった」

なるほど、〝好色〟と〝高色〟とでは随分感じが違う。何か高級な人間になったような気がした。こんな解釈のなかにも、坂口さんの深くて温かい人間性を見る思いがした。甘えついでに、とうとうあの世へ行くときのことまでお世話になってしまった。

何年前だったか、坂口さんから、庭のしだれ桜が満開になったのでどうぞ、と嫁と一緒にお招きを受けた。その日は折り悪しく雨となり、応接間からの観桜会となったが、それは見事な桜だった。

お邪魔しての帰り、坂口さんに表通りまで見送っていただいた。あとで側近の方から、

「坂口が道路まで見送りに出るのは、皇室の方と足立さんくらいのものですよ」

と笑顔で知らされた。有り難いことである。

また、いつだったか安倍山にある坂口さんの茶室で二人で飲む機会があった。彩りを添えるために妙齢の芸者さんを二人呼び、傍らに座ってもらった。年の頃は三十をちょっと越えたところか。女性の色香が最も匂い立つころで、器量も申し分ない。特に、そのうちのひとりは私好みの、小柄なポッチャリ美人。亡き妻・政子の若い頃にそっくりだった。男やもめの私は心浮き浮き、ソワソワ。さりとて、坂口さんを目の前にして、あまりだらしのないところも見せられず、思いを内に秘めて盃を重ねた。

実は、この芸者さんはちょっと曰くありの人だった。というのは、私の長男の常雄は、常日頃、私の女性の好みを知りすぎるくらい知っているだけに、どんな席があろうとも、この芸者さんだけは絶対、私の目に触れさせてはならぬと、周囲の者に固く釘をさしていたというのである。七十歳を越えてなお、オヤジに女狂いをされてはかなわぬ、という配慮らしかった。が、それも坂

口さんの口利きとあってはどうにも手出しできず、息子の気苦労も水泡に帰したというわけである。後日このことを知った私は、息子への義理立てでその芸者さんへの思いを泣く泣く断ち切ったことではあった。

その坂口さんも、昭和六十一年二月に帰らぬ人となられた。亡くなられる数日前、私に会いたいというので急遽出張先の大阪からとんぼ帰りし、病床にお見舞いした。その時はすこぶるお元気で、私の手をつかんだまま、泣いたり笑ったりして、とてもよくしゃべられた。その時、医者が回診に来たので、奥様をはじめ全員が廊下へ出た。そのうち診察が終わったので、中に入ったものかどうか思案していると、奥様から、

「今、休んでおります。起きてあなたと別れるのは本人もさぞつらいでしょうから、どうぞこのままお引き取り下さい」

と言われた。私としても、坂口さんの涙を見るのはとてもではないがつらいので、そのまま病院を後にしたのだが、まさかそれが終《つい》のお別れになるとは……。その時の奥様の心温まる看護が今も目に焼き付いている。

お通夜にも出席させてもらったが、涙が出て仕方なかった。というのも、この僅か一か月前の六十年暮れに、私は長男の常雄と、年来の友人であった松本茂さんのふたりを相次いで失ったばかりであり、よけい人と人との別れが心にしみた。

坂口さんは、私どもの美術館を自分のもののように、本当に大切に考えてくださったとしみじみ思う。生前、口癖のように、

「ここの庭園は世界的なものだから、外国人にももっとPRすべきだ」

とおっしゃっていたが、私としても当美術館を国際的なものにするのが終生の夢であると同時に、坂口さんに対するせめてもの恩返しだと思っている。

奥様は現在、その坂口さんが集められた人形の館『素鳳館』（米子市役所に隣接）の館長をされている。ご主人が亡くなられて一、二年は、さすがにぬけがらのようだった、と話されていたが、近頃はすっかり元気になられたと聞く。坂口さんのコレクションはいずれも、自分が楽しむだけでなく、後世に残したいという気持ちが原点にある。その意志は、また奥様の心でもあろう。『心は流水のごとく清らかにして、身は浮雲のごとく閑《しず》かなり』と、今の心境を語られている。見事な境地である。

いまの平兵衛さんとはあまりお会いすることはないが、『坂口合名会社』の代表であり、また米子商工会議所の会頭など、お父上のあとを継がれて多くの要職につかれている。当地の産業経済の発展のために尽力していただければと思う。

揮毫の話と言えば、当館の本宅入り口（旧玄関）の門柱、および苔庭に面した本館の入り口壁面に掲げている『足立美術館』という字は、やはり山陰の名家の一つ・先代の田部《たなべ》長右衛門氏の

手になるものである。田部家は出雲地方の旧家であり、われわれから見れば殿上人のような家柄だったが、こちらの厚かましいお願いにもかかわらず、快く引き受けていただいた。

現在の田部長右衛門さんは山陰中央テレビの社長をされているほか、多くの会社を経営されているが、腰が非常に低くて、話をしていても温情あふれる方である。どんな時でも、われわれの姿が見えなくなるまで見送ってくださる。出来そうでなかなか出来ることではない。ほんとうに頭が下がる。

思えば、私が大阪でタドン屋に奉公していた頃、全国の長者番付けに名前を連ねていたお二方が、当美術館の名前を揮毫してくださっているのである。何という僥倖《ぎょうこう》であろうか。身の幸運に手を合わさずにはおれない。明治、大正、昭和の三代にわたって、両家とも一度も揺らぐことなく今日に至っているのをみると、立派としか言いようがない。元号の変わった平成の時代も、また雄々しく羽ばたかれるものと確信している。美術館の開館記念に両家をご招待したのも、少しでもそのご威光にあやかりたいとの気持ちが働いてのことでもあった。

考えてみれば、私はこれまでどちらかというと、自分よりも目上の人と付き合うようにしてきた。何をやるにしても、力のある人と付き合えば、その人の持っている運勢なり、ものの見方や考え方、交遊関係を自分のものにすることができる。そう考えて意識的に人を選んできた節がある。

私の知り合いに結構、社会的な信用を得ている要人や、やり手が多いのも、そうした理由とあながち無縁ではない。若いうちとか、まだまだ力が足りない時には、実力者の恩恵にあずかろうとするのは決して悪いことではないと思う。それは一種の生活の知恵、処世術でもあり、若者の特権の一つでもあろう。

さりとて、そういう人たちに対して卑屈になる必要はない。若者であるが故の、物おじしない態度を忘れるべきではない。

もっともこれに似たような話で、一度大失敗したことがある。もう二十二、三年前のことだったと思う。故佐藤栄作首相の一日内閣が松江にやってくるというので、面識のあった厚生大臣の斎藤昇先生を通じて佐藤総理に紹介してもらうことになっていた。斎藤厚生大臣は服部さんの伯父さんにあたる人で、戦後のヤミ市時代、日本の警察機構をいち早く整備したという実力者であった。

当日、その斎藤厚相の指示に従って米子駅に行き、そこで特別列車に乗り込むと、車両には佐藤総理と斎藤厚相、それに何人かの私服刑事がいるだけだった。厚相は中ほどの座席で入り口のほうを向いて新聞を読んでおられた。総理はその奥でこちら向きに腰掛けておられた。私は当然、厚相が紹介してくださるものとばかり思っていたので、厚相のほうにむかって歩き始めると、総理がやおら立ち上がって私に頭を下げられた。私はとっさのことでびっくりし、お辞儀もせずに

親子二代の厚生大臣をお迎えして（左）斎藤十朗氏、（右）斎藤昇氏

そのまま厚相の前に座った。だが、厚相は気付かぬふうで相変わらずじっと新聞を読んでおられた。私としても声をかけるのがはばかられたので、黙って隣の席に座っていたが、気付かれても、

「ああ、来てたのか」

とひと言、仰言っただけで紹介してくださる素振りもない。「笑わぬ殿下」というのが厚相のキャッチフレーズだったが、まさにそれである。そのうちに列車は松江に到着し、とうとう正式な挨拶を交わすこともなくそれっきりになってしまった。振り返るに、佐藤総理が立ち上がったとき、なぜこちらも頭を下げなかったのか、悔やまれて仕方ない。一生の痛恨事、と今でもその時の大失態が思い起こされる。穴でもあったら入りたい気分だ。

しかし、斎藤昇先生には多忙のなか、お仕事の合間をぬって自宅に来ていただいた。狭いながらも手塩にかけた日本庭園とコレクションをじっくりと見てもらい、お誉めの

言葉を頂戴した。その斎藤昇先生のご子息である斎藤十朗先生もまた厚生大臣を務められた。歴代で最年少の厚生大臣だった。『若殿』と呼ばれるゆえんである。

昭和四十何年だったか、十朗先生の結婚式に招かれ末席を汚したことがあるが、その仲人をされたのが現総理の竹下登先生である。そこで初めて紹介された。竹下先生にはその後何度かお目にかかり、得意のワイ談をご披露申し上げたこともある。気さくな方で、ほとんど怒ったことがないとか。私もそれを聞いて一度挑戦してみたが、三日坊主ならぬ三か月しかもたなかった。いつだったか、酒の席に同席させていただいたおり、

「お父ちゃん、まあ一杯いこう」

とこちらが恐縮するような台詞を言われて、すっかり嬉しくなった。温かい人柄をみた思いがして、偉い人ほど腰が低くなることを再認識した。総理になられたいま、世界的な視野に立って、日本を正しく導いてほしいと念じるばかりだ。

類は友を呼ぶ、という諺があるが、社会に大きく羽ばたこうと思ったら、自分と同レベルの人間とばかり付き合っていては駄目だ。発想にしても行動にしても、一定の枠を越えられない。相手の力を取り込んでこそ限りないパワーが生まれる。エネルギーも増殖される。

人間誰しも、聖人君子ではありえない。が、また逆にどんな人でも長所、見どころはあるもので、だからこそ身近な人からも〝ええとこ取り〟する才も必要だ。少年時代は全くうだつが上が

らなかった人間が、何十年ぶりかで会うと、まるで別人のように光り輝いているケースは別に珍しいことではない。きっとその人物には、常人には気付かぬ才能があったに相違ない。吸収上手の人間はそれだけ出世も早い。

もっともそのためには、先ず自分に人間としての魅力を備えることが肝要だ。身分相応という言葉は、身の程をわきまえろということでもある。自分の長所、短所がみえぬようでは心許無い。こちらがいくら思いを寄せたからといって、誰でもすぐに目上の人たちの信認を得られるというものではない。一方通行は恋の道に限らない。

「お父ちゃん、まあ一杯」

それではどんなことに気を付ければよいか。それは、夢をもつこと、志を高く持つことだ。そうすれば必然的に、付き合いの輪も広がり、必要とするものが何であるかも分かってくる。顔に生気がみなぎっている人間には、人を引きつけるなにがしかの魅力がある。

猪突猛進も時と場合によっては、限りないバイタリティーともなり、飛んで火に入る何とかにもなる。無謀と勇気とは紙一重であり、その判断如何で成功者にもなり、敗軍の将ともなる。

人の心を読むことと並んで、時勢の流れを判断する能力も大切だ。

私が、目上の人と会うときに心がけたものの一つに、時間を厳守することがある。誰と会う場合でも、こちらから訪ねるときは必ず十分前には到着した。いくら金がなくても、その気になれば必ず守れるのが時間だ。こちらの都合だけで、決して相手の時間を無駄に費やさせてはならない。

地元の人たちの間では、「足立時間」と言ったら、約束の時間の十分前にはちゃんと着くことを意味するそうだ。十分早く着いてさえいれば、相手の人の事情と都合によっては、それだけ長く面談できる可能性もある。礼儀を欠く恐れもない。

時間にルーズな人間を、私はあまり信用しない。誠実さが感じられないと思うからである。私の経験からいって、デートの時に遅れて来るような女性は見込み薄である。だから社員はもとより、身内の者にも時間だけは厳守するように、口を酸っぱくして言っている。時間通りに来た社員には賞与をやるが、遅れた人間にはやらないというくらいに徹底した。タイム・イズ・マネーを身をもって知らせた。

また、私は人と会う際、必ず備忘録なるものを携帯した。聞きたいこと、知りたいこと、相談したいことを予め項目別に書き記しておくのである。それとともに、そこでどんなことを話し、そのために何をなすべきかを素早くメモに書き留めた。というのも、決められた時間内に話を要領よく切り上げることが礼儀であり、ひいては第一印象を良くすることになると考えたからである。分刻みのスケジュールで動いているような人に対しては、ケジメをつけることが付き合いの第一歩だと思う。

ケジメといえば、私は酒の付き合いも必ず最初の席で切り上げた。いまだかつて二次会に同席したことはない。ハシゴ酒など、とても良識のある人間がなす業とは思えない。

これは別に、私が酒に弱いとか飲めないから言うのではない。ただダラダラと時間をつぶすのが無意味に思われるからである。酒の好き嫌いで言えば、今でも毎日五勺ほど欠かさず晩酌をやるくらいだから、嫌いなはずがない。それでもやはり、たとえ酒がお互いの胸襟を開かせることがあったとしても、そうした席での話はあまり信用しないほうがよいと思う。仕事の話はあくまで、アルコール抜きか、酔いが回らないうちに速やかに終えるべきだ。

酒の話ついでに言うと、私のスキンシップは酒ではなくて、ワイ談である。軽く一杯飲みながら、それこそ刺身のツマとして、男女の秘め話をやると効果てきめん。一遍に場がうち解ける。自慢ではないが、私くらいワイ談の研究をしたものはいないだろう。自分の体験談をおり混ぜたり、その類の本から取ったり、あるいは、人から聞いた話を参考にしたり……と、いろんなところからネタを仕込んだ。

というよりも、私はもともと無教養な人間なので、人のようになかなか常識的な座談ができない。すぐに会話に行き詰まる。となると、残る道はただひとつ。そう、人類共通の関心事『下半身面白ゼミナール』に活路を求めたというわけである。これまた、神が勉強のできなかった子供に与えてくださった、生きる道のひとつと理解している。

「おじいちゃん、そんな写真、よう堂々と広げて見てるなあ。こっちが恥ずかしゅうなるわ」

と新幹線の中で、孫に顔を赤くされたことが何度もあるが、恥ずかしがってばかりではワイ談の名手にはなれない。

こんな調子だから、ある知り合いから、

「こんど、有閑夫人の集まる会があるので、得意のワイ談を一席ぶってくれませんか」

と頼まれたことがあった。私も一瞬心が動いたが、この種の話は、標題を掲げてやるものではない。事の成り行きついでにやるから面白いのであって、身構えたり胸をときめかして聞くものではない。戯れ言はあくまで、余興に徹するところに会話の妙がある。

それより何より、美術館の館長とワイ談の先生とでは、どうもイメージが結びつかないだろうということで、後ろ髪を引かれながらも丁重にお断りした。もし引き受けていたら、今頃はワイ談の大家になって、テレビにも出演し、スポーツ選手の妙技になぞらえて、ボールさばきや開脚運動のテクニックについて、あることないこと、面白おかしくしゃべっていたかも知れない。

ワイ談とはいえ、話の中にも、みんなが関心のありそうな、時の話題をふんだんに織り込むのがミソだ。しかも登場する女性は、男好みのする色っぽい妙齢の婦人に仕立てること。男さんの目が輝いてくることは必定だ。あまり美人にしすぎると、話がわざとらしくなるのでかえって興ざめる。

ワイ談というのは一見簡単そうだが、実際はこれほどむずかしいものはない。あまり露骨だと、下品になって嫌味が残る。その一歩手前で止めて、しかも、さも自分がそうであったかのように演出すると、一段と場がなごみ、近しさと親しさが増す。もちろん、身ぶり手ぶりを交えたほうが、よりリアリティーが出てきて興も増す。

ワイ談だからこそ、さらりとした〝品〟が大事なのである。座興の名手である幇間《ほうかん》の芸を見るとよい。身振りといい、話術といい、心憎いばかりである。

それに加えて大事なのは、落語のクスグリと一緒で、みんなが腹を抱えて笑えるようなシナリオを随所に用意することだ。そうすれば、一遍に相手の懐に飛び込むことができる。たかがワイ談と軽視することなかれ、一芸に秀でればこそ、浮かぶ瀬もあるというものだ。

〈機知とユーモア〉

この二つを持っていれば、座談の席で受けるのは間違いない。口がうまいというのは決して誉め言葉にはならないが、話上手というのは人間の立派な魅力、武器である。

自分の過去を振り返るに、若い頃は人前ではほとんどしゃべれなかった。一対一ではどうってこともないが、ちょっとかしこまった席になると、途端に舌の回転が鈍った。社員を前にしゃべる時でさえ、原稿が必要なほどだった。それがどうにか、人前でもあまりあがることなく話せるようになったのは、五十を過ぎた頃からである。

ハシゴ酒を覚えるまえに、人前に出ても、堂々とはいわないまでも、せめて臆することなく、自分の意見が言えるように話術、話し方について研究することをお勧めする。

自分自身をいかに主張するか。自己PRくらい、個性的に攻めてみたいものだ。

身辺雑記つれづれ

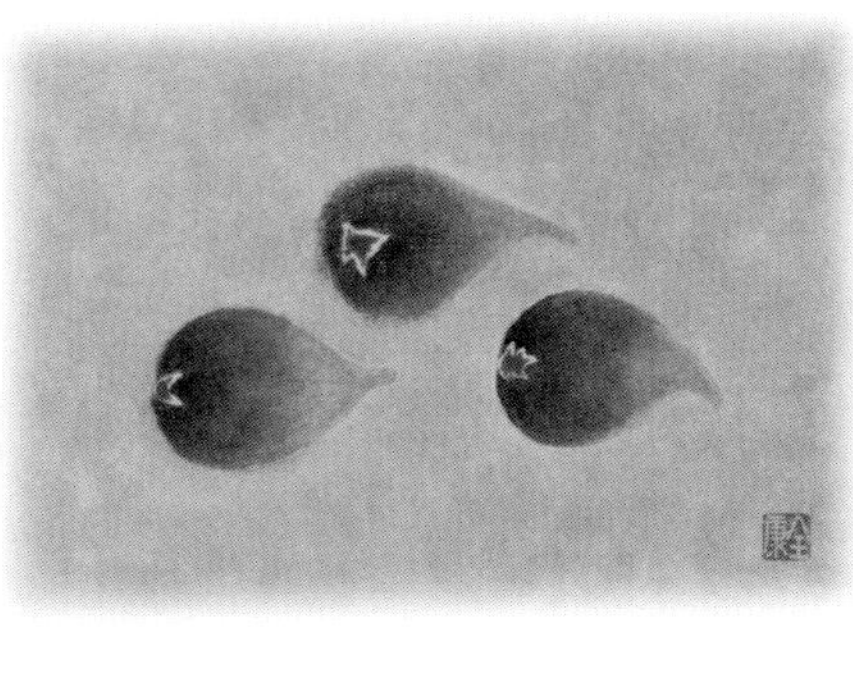

私は現在、足立美術館内の本宅六畳間で起居している。「生の掛軸」「生の衝立」のあるナマコ壁の建物がそうである。長男の嫁と私の看護をしてくれている高橋さんがそばにいて、私の身の回りのことをいろいろと案じてくれる。果報者といわねばならない。

毎日の暮らしは、朝、六時ごろ起きて仏壇に線香をあげることから始まる。目をつむり、先祖や縁者の戒名を唱えると、その人間の姿、顔が浮かんでくる。祖父母、両親、息子など一人ひとりの面影を思い浮かべながら、毎朝手を合わせるのである。旅先でも、この習慣だけは欠かしたことがない。私には宗派とかはあまり関係ない。先祖の供養をするのに理屈はいらないと思うからである。

ナマコ壁をバックにひ孫の篤と

私はもともと、信仰心というものを持っていなかった。仕事さえしておればよかった。しかし、あることをきっかけに先祖を敬う気持ちがにわかに湧いてきた。そのあることとは、私の父覚市の生き方である。父は、昭和三十三年に八十二歳で他界したが、何事にも几帳面で、根気仕事を全然厭わない実直一筋の人間だった。

子供の頃から、私とは何かと衝突することが多かったが、お互い年を取るにつれていさかうこともなくなった。

その父が亡くなる前年のこと、庭でひとり、黙々と米粒みたいなケヤキの種子をもぎ取っていた。見ると、二斗入りの木箱に種子がびっしりと入っている。不思議に思った私が、

「これをどうするつもりや」

と尋ねたら、

「種をまくんじゃ。そうすりゃ、苗木ができる。それを山に持っていって植えるんじゃ。何十年後かには大木になるけえ、孫たちが生活に困ったとき、何かの足しになるやろう思うてな」

私はジーンとした。八十歳になってなお、はるか先の、子々孫々のことまで考えているのである。子孫の繁栄を心から願う、その想い。それこそ人間の原点ではないか。私はといえば、自分のことしか考えていない。とてもではないが、父には遠く及ばないと思った。

これまでの私は家族と一緒に旅行はおろか映画を見に行ったことも食事に連れて行ったこともなく三百六十五日仕事、仕事に明け暮れていた。私はその時決心した。

――よし、これからは先祖を敬い、家族を大事にしてよい主人、よい親、おじいちゃんといわれるように生きていこう。

それは私にとっての一大転機だった。信仰心が生まれただけでなく、人と接する態度も少しず

つ変わっていった。

昭和六十年の暮れに長男の常雄が急逝したとき、息子の初盆を機に送り火のつもりで花火を打ち上げることを思い立った。この世に祖父母や両親など先祖の魂を呼び戻して、満開の花火を見せてやりたい、との気持ちもあった。夏の夜空に、ドーン、パチパチ、バリバリと燃え盛るのを見れば、景気がええんやなあ、と先祖も安心するに違いない。

八月十五日の夜八時から約三十分間、飯梨川沿いの土手で百発以上の花火を打ち上げる。すぐ近くの山の中腹には先祖の眠る墓があり、花火を見るには絶好の場所である。六十一年に始めて以来、毎年の恒例行事となった。近所の人のみならず、まわりの町の人たちもこの日を楽しみに見てくれる。個人的な慰み事がいつか、多くの人たちの楽しみに変わった。嬉しい限りである。

父の心をようやく理解して(両親遺影)

先祖への朝のお勤めを終えると、長男の嫁と美術館のまわりを散歩する。旧玄関を出て、美術館の裏から横手沿いに、小川のような洞貫川《どうかんがわ》のほとりを小一時間かけてぶらぶらと歩く。
散歩の途中、よく近所の学生さんたちとすれ違うが、

「おはようございます！」

と元気よく挨拶されると、清々しい気分になる。朝のこうした挨拶一つにも生活のリズムがあり、その日一日、何かいいことがありそうな気がするから不思議だ。

朝食をすませると、人と会ったり、電話であれこれ仕事の指示を与えたりする。いまは、国際会議場の建設構想に燃えているので、試案づくりと関係者への働きかけに奔走している。

人と会って話をすると、いろんな刺激を受ける。そのことがまた、明日への活力につながる。脳細胞はいくつになろうとも休めないことだ。

午後は食事をとったあと、一時間ばかり昼寝する。寝ようと思えばすぐに寝られるし、起きようと思えばさっと起きられる。悟りの境地とはこういう状態でもあろうか。起きるとすぐに、頭のなかはフル回転だ。この性分だけは昔のままである。

夜は六時に食事をとり、そのあと風呂に入って七時には床に就く。多くの殿方はそばに奥さんなり、素敵な女性が来るまで寝つけないだろうが、この年になると何の妄想、邪念も抱かず熟睡できる。のんきなものである。

ここで暮らすようになって、かれこれ四年近くになる。それまではずっと、大阪の本町にある『㈱日美』の七階に住んでいた。職住近接ならぬ、会社兼住まいというやつである。

会社の事務所の奥に、ほんの申し訳程度の六畳と四畳半の部屋が二部屋あり、そこが永年、私の生活の拠点になっていた。簞笥やら美術品やらを所狭しと置いているので、手をちょっと伸ばしただけで何でもつかめる。せっかちな私にはピッタリである。風呂もトイレと一緒になっており、そのスペースは一坪にもみたない。私ひとりが身をこごめて入るのにちょうどいいポリバスが、ちょこんと置かれているだけ。洗い場もままならないミニ・スペースだ。

私のそんな暮らしぶりを知らない人は、

日課である朝の散歩　長男の嫁久子と

「お住まいは芦屋のほうですか？」

とか、

「車はロールスロイスにお乗りですか？」

と聞いてきたりする。あれだけの美術館を建てた人物なら、さぞかし立派な家屋敷を構えているに違いない、と思っているようだ。しかし、それは大きな誤解だ。

「いやいや、とんでもない。見たらビックリするような、質素な生活ですよ」

と決まり文句を言い続けて、もう何十年になるだろうか。

とは言っても、私自身決してケチというわけではない。それは確かに便箋を使うことなどなくて、たいていメモ用紙とかチラシの裏で用を済ませるが、それは単に私が筆不精というからに過ぎない。

普段の生活にあっては、同じ食べるなら、やはり旬の物がおいしいと思うし、少々値が張っても、おいしいと思えば、何はさておいても舌鼓を打つこともある。ただ、だいたいが食卓に出されるものには、ほとんど文句も言わず、有り難いと思って食べるほうで、贅沢をしているわけではない。というより、嫁の料理には満足しているので、文句をつけることなどちっともないのである。

そういうふうだから、もちろん車など持つはずもない。ロールスロイスなど考えてみたこともない。必要なときに応じて、手軽なタクシーを呼ぶほうがよっぽど性格に合っている。

私が身の回りの暮らしぶりについて、そんな生き方をするようになったのも、贅を尽くしたあとの悲哀がいかなるものかを身をもって知っているからである。

昭和二十年代の後半に、私はわずか二年ほどだったが、美章園の高級邸宅に暮らした。その家は敷地が三百坪ほどで、ぐるりを塀に囲まれ、部屋数は十近くあった。風呂もトイレもちゃんと二つあり、それぞれに主従のけじめをつけた立派な造りだった。それだけに従業員の不祥事で、いざそこを明け渡さねばならなかったときの寂しさと屈辱感はなかった。惨めさだけが残り、何ともいえぬ絶望感に打ちひしがれた。後にも先にも、住居のことでこれほど寂しい思いをしたことはない。

――こんな気持ちになるんなら、家屋敷に贅を尽くすことはもう二度とすまい。人間の栄枯盛衰だけは、誰も予測ができない。驕れる者久しからず、である。同じ金を使うなら、個人の欲望と社会の要求が重なり合ったものに使ったほうが、遥かに精神的に充実している。この時の体験が薬となって、そう考えるようになった。

美術館を建て、世界的な日本庭園を造ろうと思い立ったのも、元はといえば、この明暗のドラマが背景になっているようである。性格的に、痛い目に遭わないと気付かないのが自分である。思えば、私の人生は成功と失敗の繰り返しである。心安まる平穏な時期はほとんどなかった。あるとすれば、恐らくこの四、五年であろう。それまでは数年周期で、哀歓の波に翻弄されていた。地震のグラフでいうと、針が狂わんばかりの烈震である。マグニチュード7以上は間違いないだろう。

しかし今日の私があるのは、そうした度重なる挫折のお蔭と言っても過言ではない。倒れた回数分だけ、足腰が強くなったような気がする。また、打たれ強くなったようにも思う。

その昔、

「願はくばわれに七難八苦を与へ給へ」

と祈ったという山中鹿助の真意が、今更ながらよくわかった。

今の若い人たちの多くはきっと、しなくてすむ苦労はしないほうがよい、と考えるのだろうが、精神的にタフにしておかないと、現代のような世の中では簡単に置いてきぼりを食うのではないだろうか。世の中を甘くみてはいけない。働くことに充足感が持てないと、何をやっても楽しくないに違いない。

美術館内でのいまの私の生活は静かで快適である。最近は、館内を散策することもめっきり少なくなったが、大勢の人たちが庭のここかしこを指差しながら、感嘆の声を上げているのを窓越しに聞いたりすると、ついこちらの頬も緩んでくる。

いまでこそ当館も、日本の美術館を代表する入館者数を記録するようになったが、開館して十年くらいはほんとうに辛かった。ちっとも増えない入館者に、毎日がイライラのし通しだった。その時代のことを思うと、今はまさに隔世の感がある。

——ここまでやってるのに、どうしてこんなに人が入らんのやろう。

閑散とした館内に一人たたずみ、大きなため息をついていたのを、つい昨日のことのように思い出す。

当時、客探しのために長男の常雄をはじめとする職員たちが率先して、島根県の観光課や旅行代理店をかけずり回った。何しろ、島根と鳥取の両県を合わせても、せいぜい人口は百四、五十万人。それではとても期待した来館者は見込めないので、関西方面を中心に、中国、四国、九州、中部、北陸……と、少しずつ対象を広げていった。

その頃はまだまだ、美術館の知名度も低かったので、とにかくパンフレットを置いていくことから始めた。鷺の湯温泉の知名度も、地元の人たちが主に利用する程度で、とても人集めには役立たない。足を棒にして一軒一軒、エージェントや市役所、農協などを訪ね歩き、お願いするよりなかった。そうした汗と涙の努力の結果、昭和五十年を過ぎたあたりから、やっとポツポツと反響が出始めた。

私もその当時は、大阪と安来と月に半々くらいの生活を送っていたが、ただひたすら、じっと待つことの辛さを、この時ほど思い知らされたことはない。団体さんの一行が入ってくるたび、心のなかで手を合わせたものだ。その感謝の気持ちはいまだに変わっていない。

この時期、入館者が増え始めたことで特筆しておきたい恩人がいる。オッペン化粧品の山下一明会長である。昭和五十二年七月に、同社のテレビ・コマーシャルに当美術館の庭園風景を使っていただいた。米子に営業所があるので、社員研修をかねて女子社員と一緒に美術館を訪ねてくださった折り、山下会長は庭の景観にすっかり心を奪われた様子だった。ロビーに立ち尽くしたまま、

「美を追求するオッペン化粧品のイメージにふさわしい」

といわれて、CMに使うことを即決された。このコマーシャルがもたらした、当美術館への動員効果は非常に大きかったと思う。それまで一面識もなかったのに、これが機縁で山下会長と親

しくさせていただくようになった。ちなみに、来館時の同社の制服が気に入ったので、美術館の女性職員の制服に使用させていただくことにした。

私は、威張ることとはつまり一種の驕りだと常日頃考えているので、家から一歩外に出ると、かがむことばかりである。腰を低くしておればまず、人から生意気だといわれたり、いらぬ妨害をされるようなことは起きない。これは商売に限らない。人付き合いの鉄則である。

陽気につられて美術館内をたまに歩いていると、見知らぬ人から思いがけず、

「一緒に写真撮らせてくれませんか？」

と声をかけられることがある。こういう時はほんとうに嬉しいものである。殿方には怒られるかもしれないが、女性からの申し出の場合はなおさらである。

「こんなベッピンさんと一緒に写させてもろうて、ほんまワシは幸せもんや」

などと軽口を叩きながら、ニッコリと握手して別れる時の気持ちは、何とも爽やかだ。まるで地球が自分を中心にして回っているような、そんな幻覚さえ覚える。

「これっきり、いうのんは困りますよ。また来てくださらんと」

別れ際にもちろん、ちゃんと再会のせりふをはさむことくらい、お手のものである。こうした何気ないひと言のほうが、ぬくもりを持って相手の胸に残る場合が多い。美辞麗句や平身低頭ばかりが商売人ではない。

美人ぞろいのタカラジェンヌの一行は例年、五月にやってくる習わしになっている。サツキの花がほころぶ季節はまた、私の顔がほころぶ季節でもある。人間、色気を感じなくなってはおしまいだ。年寄りだからといって、恋をしてはいけないという法律はどこにもない。弱気は老人の大敵だ。だから、今でもまわりの者の目を盗んでは、ちょくちょく秘密のデートを重ねている。

女性の話が出たついでに言うと、女性を口説くのはトンボを捕るのと一緒である。目の前で大きな円を描きながら、だんだんと小さな円にしてパッと捕る。いきなり、手を出したってうまくいくはずがない。

最初のうちは食事に誘い、それからコンパクトか何か、ちょっとした小物を贈り、いよいよという時に、ワニ革のハンドバッグのような心にズシリと響く物を贈って、間髪を入れずパクリといただく。すべて、一瞬の勝負と心得るべきだ。人生は一度きり。何事も、ワンチャンスである。

ことほどに女性には何かとうるさい私も一度、どうにもしまりのない純朴青年にたち返ったことがある。昭和四十七年、私が七十三歳の時だった。往年の美人女優・岡田嘉子さんが三十四年ぶりにソ連から帰国、テレビに出演している姿をひと目見た途端、すっかりのぼせ上がってしまった。

岡田さんは私よりも確か二つ三つお若いと思うが、その美しさを何と形容したらいいものか、年齢もひれ伏すほどの、みずみずしい美しさであった。しかも、凛として気高い。

当時、私は妻を亡くして間もない頃でもあったので、

「いい女性がいたら、世話してくださいよ」

と誰かれとなく、本気半分、冗談半分でしゃべっていた。それだけに、たとえブラウン管越しに夢見る恋とはいえ、岡田さん以外にはいないと図々しくも決め込み、

「お蔭さんでやっと相手が見つかりました」

と今度は、会う人ごとに思わせぶりに吹聴した。

「披露宴は帝国ホテルです。何しろ、相手は美人やからええ加減な式では格好がつきませんから」

はたして、この話を聞いた人は一様に目をパチクリ。いったい誰ですかと聞くので、こちらもいよいよ悪ノリして、

「ヒントを出そうか。第一ヒントは絶世の美人。第二ヒントはいまをときめく話題の人。これだけ言えばもうおわかりやろう」

ここまで言うと、岡田さんの名前が出てくるのに時間はそうかからない。もっともその途端、つくり話だということもあっ気なくバレてしまったが、世の中、合縁奇縁というのはあるもの。

というのは、ちょうどこの頃、共同通信社におられた松田基弘さんから、足立美術館所蔵の作品による移動展をソ連でやりたい旨、話があった（この話はソ連測の事情で取り止め）。ソ連と

いえば、まさに岡田さんの第二の故郷ともいうべき国。これは絶好のチャンスと無理を承知で、「ソ連での展覧会となると、いま来日中の岡田嘉子さんにいろいろと意見なり、アドバイスをしてもらうのはどうやろう。面会が出来るよう取り計らってくれませんやろか」

とお願いした。そうしたらひょうたんから駒。程なくして、東京のある喫茶店でお目通りが叶うことになったのである。

私はこうして岡田さんのご尊顔を拝することになった。その時の感激を何とか伝えようにも、残念ながら何も覚えていない。記憶にあるのはただ緊張のあまり、口がこわばって冗談一つ言えなかったことだけ。きっとポカンとしていたにちがいない。その時、自分がはたしてどんな顔をしていたのか、ビデオテープにでも録っておいてくれたら、と残念に思う。

日本最後の思い出にと来館された岡田嘉子さんと

これがきっかけとなって、岡田さんとは大阪で夕食を囲み、美術館にもお越しいただいて感激の時間を過ごさせていただいたが、その折は残念なことに私が、暑さと緊張のあまりダウンしてしまい、服部さんにバトンタッチした。

岡田さんには、これから数年後、もう一度当館にお越しいただいた。『ハイミセス』という雑誌の取材に応じて、日本中で最も行きたい場所の一つとして当館を指名していただいたということだった。数年ぶりの再会に目をしばたたかせたものである。

岡田さんはこのあと、昭和六十一年の四月、機上の人になられる時、成田空港から懇切丁寧なお礼の電話を頂戴した。雑踏を避けて、見送りは杉村春子さん一人だけという静かな出発だったらしいが、

「いま記者会見が終わったばかりです。これからソ連に帰ります。もう二度と日本の土を踏むことはないと思います。滞在中はすっかりお世話になりましてありがとうございました。ぜひ、ソ連にも一度お越しくださいませ」

と身に余る言葉をいただき感激した。

私もまた、

「日ソ友好のかけ橋として、今後とも一層ご尽力ください」

とねぎらいの言葉でお送りした。私にとって忘れ得ぬ青春（？）の一コマではある。

ところで、美術館にあって、何にもまして嬉しいのは、美術館を訪れた人から口々に、

「立派な美術館ですねえ」

と賛辞と感嘆の言葉をいただいたときである。この時ばかりは、美術館を造ってほんとうによ

かったと思う。

「人はやはり、一年に一回といわず、何回でもこういう所にやって来て、その都度、汚れたものをきれいさっぱりと流さないといけませんね。これで入館料が千五百円というのは、ほんとうに安いと思うわ」

とそこまで言われると、その手を取ってキスでもさせていただきたいくらいの気分になる。奥様、お手をどうぞ、てなもんである。

当館では他館が五百円のとき、千円の入館料だった。いまは千五百円である。それを高過ぎると指摘する人もいるが、私はそうは思わない。映画だって二千円はする時代だ。そこにいたいと思えば一日中でもくつろげて、美術の世界にひたり、庭園の静けさを感得できるのである。それを思えば決して高くないはずだ。

心の潤いをすぐ金に換算するのは、どうかと思う。日本人はどうかすると、あれは幾ら、これは幾らと、金額の多寡で物事を判断する癖がある。人間の品性を疑われるのがオチだから、慎みたいものだ。

それでも中には、理屈屋がいて、

「客がたくさん入るようになったんだから、もっと安くしたらどうかねえ」

と値下げを進言する人がいる。が、それはむしろ反対だと思う。入館料をさも営利事業の一環とみているようだが、私はそもそも入館料は美術館に対する寄付だと考えている。その寄付でもって、維持費や美術品の購入費に充てるのが筋、という考え方である。

お賽銭にたとえるのはどうかとは思うが、美しいものにたいしては、見せていただいたという感謝の念があってもおかしくないと思う。それが理解してもらえれば、寄付とみなすこちらの考えも納得していただけるはずだ。

美術館内を歩いていて、ごくまれにふらっと茶室の『寿立庵《じゆりゆうあん》』や『寿楽庵《じゆらくあん》』に上がって、茶を所望することがある。だけど、昔からどうもこういう堅苦しい席は苦手で、落ち着かない。だから、人からよく茶室を誉められついでに、

「瞑想に耽られるところがあってよろしいですね」

と羨やましそうに言われると、耳が痛い。どんな場合でも、じきに尻のあたりがむずがゆくなってきて、そそくさと席を立つのがいつもだからだ。これだけの茶室がすぐ身近にありながら、風流を解せぬとは、よほど仕事しごとの貧乏症に生まれついているとしか思えない。

美術館というのは本来、国が率先してやるべき文化事業である。それをわれわれが、いわば国に成り代わってやっている。しかも当館は開館以来十九年、一日も休んだことがない。これは遠路から来館される方々を、たとえ一人でもがっかりさせてはいけないという私の考えからである。館員のマナーやしつけも他館に負けないだけの自信がある。美術館の内容も、近代日本画と日本

庭園のほかに、茶室・蒔絵・近代陶芸・童画・彫刻と揃えている。

このように考えて、一度、日本開発銀行に融資を申し入れたことがある。政府系の銀行なので、これまで美術館に融資したことはなかったが、同銀行の元総裁・平田敬一郎さんが美術館にみえられたおり、

「国がやるべき仕事をか弱い私どもがやっています。国のためになることをやっておるんやから、国から金を借りてどこがいけないんでしょう」

と私は説得した。その結果、地方開発融資という名目で、美術館として初の融資を受けた。十五年間の借り入れだった。政府のお墨付きをもらったようで、こちらの真意が伝わったと素直に喜んだ。

当館は、私の関係会社をはじめとして、いろんな企業、個人の方々の寄付行為によって設立、運営されている。私ひとりの力だけで造ったものではない。浄財の結晶、それが足立美術館なのである。入館料のことを寄付と考えるのも、一つにはこうした理由があるからである。ご理解賜りたい。

「善行」への熱き思い

自分で言うのもちょっと気が引けるが、私は美術館を建ててからというもの、人間が少しずつ変わってきたように思う。社会福祉とか社会への還元ということを真剣に考えるようになった。自分が生きているこの社会に、私の力で叶うことなら、物心両面にわたって何とか恩返ししたい。そうした思いは年々強くなっている。

昭和五十二年冬、私は山陰中央新報社常務の木幡《こはた》修介さん（同社副社長）を、玉造温泉に夕食に誘った。食事というのは実は口実で、チャリティーのための色紙の相談が狙いだった。木幡さんの父君・木幡久右衛門さんが同社の社長だった頃、私どもの美術館建設のために何かとご尽力いただいたこともあって、ご子息の木幡さんとも昵懇に願っていた。

ずらっと並んだ料理を前にして、私はおもむろに風呂敷を解き、色紙を取り出すと、マジックインキでキュッキュ、キュッキュとナスビの絵を描いた。

「いやあ、なかなか手慣れたものですなあ」

人様に見せられるような絵でもなかったが、木幡さんは社交辞令交じりに感心したふうだったが、私はそれにはお構いなく、

「実は、私の描いたこの色紙を、美術館に来られた人に一枚千二百円で売り、材料費を引いた千円を寄付したいと思うんですが、どないなもんでしょう」

「この絵を売って、ですか？」

「そうです、その売上金を寄付したいと思いますねん」

「それはいいことですなあ」

と一応、相槌を打ってみせたものの、木幡さんの顔にははっきりと、千二百円で買う人がいるはずがない、と書いてある。それに何といってもシロウトの絵である。

しかし私は、そんなことにはお構いなく、

「いや、枚数も百枚とか千枚やない。一万枚書いて一千万円を贈りたいと考えてますねん」

と話したときにはもはや、とても信用している顔ではなかった。木幡さんは、ただ「うん、うん」という生返事を繰り返すだけだった。だが、それもそのはず。一万枚というのは並大抵の数ではない。一日に十枚描いたとしても、三年はかかる計算である。木幡さんが話半分というよりも、夢物語に聞いたとしても、無理からぬことであった。

しかし、男子たる者、一度口に出した以上、前言を翻すわけにはいかない。それからというもの、私は食前、食後、仕事の合間、寝る時間をも惜しんで、色紙を書きまくった。

人と会うときも、マジックインキを手放すことはなかった。

――絵というのはうまい下手ではない。気持ちが通じれば良い。チャリティーとは本来、そういうものだろう。

ところが、いざ実際に描き始めてみると、これが難しい。ナスビのつもりが、ヘチマになったり、カボチャに見えたりと、最初のうちは悪戦苦闘した。肩に力が入りすぎて、線が思うように描けない。それにすぐ肩が凝り始める。力の入れどころがどうも間違っているらしい。

それでも、ある程度の枚数を描いているうちに、やっと調子が出てきた。千枚ぐらいまではわりとスムーズにいった。絵のほうも、ナスビの絵だけでは寂しすぎると思い、

『一富士　二鷹　三なすび』

とか、

『親の教えとなすびの花は千に一つの仇《あだ》がない』

といった賛を書き添えた。だから、百枚も仕上げようとしたら大変である。朝から晩まで、丸一日かかった。しかし、もともとがサービス精神の旺盛な私のこと、それくらいどうってことはなかった。

だが、それから先、二千枚前後になると急にペースダウン。どうにも辛くなった。マジックインキに含まれているシンナーを吸いすぎて、嗅覚をやられたのである。すっかり体調を崩してしまい、その時はさすがに私も、もうこれ

チャリティーの色紙１万枚に挑戦する

でやめようと弱音を吐いた。ナスビを見るのもウンザリという心境だった。

しかし、私の拙《つたな》い色紙を既に買ってくれた人のことや、木幡さんの顔を思い浮かべると、どうにも申し訳ない気分になり、よし、もう一度挑戦してみるか、と考え直した。

それからというもの、覚悟が決まったせいか、リズムに乗ってすらすらと描けるようになった。特に、四千枚を過ぎたあたりからは、目をつぶっても描けるようになった。それらはコピーでもとったように、形が寸分違わなかった。民芸の精神では、無駄をいっさい省いた、職人芸の中に美を認め、これを高く評価したそうだが、何となくその心根が分かったような気がした。

木幡さんからも時折、

「どう、はかどっていますか?」

と激励の電話があった。が、その声はまだとても、一万枚も売れるとは信用しているふうではない。時候の挨拶程度の軽いものだった。私は相変わらず、マジック片手の毎日だった。

ところで、なぜ私が好んでナスビの絵を描くかについては理由がある。それは野菜のなかでも、ナスビが特に長命だからである。十二月になってもまだ花が咲き、咲くと必ず実をつける。そして決して仇がない。しかも、食しようとすると、これほど料理の幅が広い食べ物もちょっと他にないだろう。

漬け物にしてもうまいし、天ぷらもいける。煮ても良ければ、もちろん焼いても良い。さらにおつゆも美味とくれば、野菜の王様と言ってもよいくらいだ。その縁起をかついで、人から色紙を頼まれると、必ずナスビの絵を描くようにしている。

ナスビといえば、日頃懇意にさせていただいているホシザキ電機社長の坂本薫俊さんが美術館に来られたとき、私が描いたナスビの絵の横に賛をお願いしたところ、その場でたちまち、

『娘十八　番茶も出花　色の黒いは八難隠す　とくに良いのは肌の良さ　おまけに味が良いときちゃ　めったに人には　食わされねえ』

としたためられた。

絵の腕前も一級品の粋人、ホシザキ電機坂本社長と

もともと『七難隠す』のは、女の色の白さのはずだが、ナスビの場合には黒いのが良いと、たちどころにまとめられた坂本さんのひらめき、機知はすごい。さすが「島根の松下幸之助」と呼ばれ、電気機器の発明、開発ばかりでなく、地方自治、行政改革についての著書をものする文化人ではある。

坂本さんは確か、開館して二年目くらいに初めて美術館に来られた。美人画で知られる伊東深水の作品を見てえらく気に入られ、

「ぜひ、譲ってほしい」

ということだったので、お譲りしたことがあった。自ら軽妙洒脱な絵筆を執られる粋人でもある。

さて、ナスビの色紙を美術館のロビーで、趣意書を張って売り出し始めて半年ほどたった五十三年秋。

松江に本社、支局がある報道関係の幹部で作っている報道記者クラブが、近くの清水寺に紅葉狩りにきたついでに美術館に立ち寄られた。木幡さんも一緒だった。

ロビーでは、色紙を買ってくれた人に住所、名前を芳名録に記入してもらっていたが、その時にはすでに五千枚を突破していた。それを知った木幡さんはびっくりして、社へ帰って早速一千万円の受け入れ態勢を整えたという。

そして昭和五十四年夏。ナスビの絵を描いた私の色紙の売上金一千万円を、社会福祉基金として山陰中央新報社にお渡しした。もともと、同社では福祉事業団を作る構想があったので、この一千万円が寄付第一号になった。

売れた一万枚の色紙のうち、前半の五千枚は下手だったように思うので後日、芳名録を頼りに、美術館の招待券をお送りした。

それにしても、ナスビの絵は最終的には一万五千枚近く描いたのではないだろうか。当初は三年がかりで描き終える予定だったが、二年で達成した。寄付金も目標の一千万円を超した。ここでもまた私は、人間やる気にさえなれば、どんなことだって成し遂げられるものだと実感した。

無料招待券の話ついでに言うと、昭和六十三年二月一日から三月二十日までの期間中、感謝の意を込めて地元の安来市および能義郡の一万二千五百世帯に、無料招待券（一世帯あたり五枚）を配った。

私としては長年、地元の人は美術館とは最も身近にありながら、案外近すぎて、なかなか来る機会が少ないのではないかと考え、招待券の配布を決めた。幸い、大勢の地元の人にご来館いただき、あらためて美術館との接点を持っていただけたように思う。

ある家族連れの主人らしい人が、

「五年ぶりにやってきたんですが、以前、見たときの印象とはまたすっかり変わっていて、びっくりしました。このまえも、凄いもんやなあ、と感心しながら、あちこちを見て回った記憶があるけど、一段と立派になって。いやあ、このたびは有り難うございました。きょうは家族でゆっくり拝見させてもらいます」

と感謝しておられたという話を美術館の職員から聞いて、思わず目頭が熱くなった。その時、私は入院生活を送っていた。

何だってそうだろうが、事業というのは周囲の協力なくしては、なかなかうまくいくものでは

「案内する足立翁」　北村西望作

ない。というより、地域にあるからこそ、その土地の人たちとの交流が必要なのである。当館の職員もほとんどが地元の出身者によって占められているが、職員もまた事業の貴重な財産なら、その土地に住んでいる人々を大切にして初めて、そこにしっかりと根を下ろすことができる。

何しろ、貧農の、しかも頭の出来の悪い子供に育った私が、半世紀以上もたって郷里に帰り、こうして美術館を建てさせていただくまでになったのである。自分でも望外のことで、これまでは喜びよりも、何とか恥ずかしくない美術館にすることで精一杯だった。だが、ある程度軌道に乗り始めたら、周囲を見回す余裕が出てきた。

昭和五十五年十月には、美術館の創立十周年を記念して、『横山大観展』を開催、全館を横山大観の作品で埋めた。七十余点を展示した。その折に、十月一日、東京、大阪、それに地元の名士の人たち約四百人をご招待申し上げ、記念式典を執り行った。招待状をお送りした人のほとんど全員が、ご多忙の中を出席してくださり、感謝もひとしおのものがあった。

早朝、美術館の玄関前に集合していただき、文化庁長官や『横山大観記念館』の横山隆さんらによるテープカットを行なった。この時、北村西望先生にご制作いただいた私の銅像も一緒にご披露させてもらった。私の大好きな旗火（昼花火）を打ち上げ、また私の年齢に合わせて八十二羽の鳩を用意、青空高く舞わせるつもりだったが、旗火の音にびっくりして鳩が籠の中から出てこないのには往生した。

式典のあと場所を移し、安来市民会館でパーティーを開催した。この時の模様は、私の遠縁にあたる岡本喜八監督に「記念映画」として撮ってもらっている。

今日、当館もどうやら日本中の人たちに知られるようになった。美術館を開館したときからの私の夢であった皇室の方々も、浩宮(現皇太子)殿下をはじめ、常陸宮同妃両殿下・三笠宮憲仁親王殿下が相次いでお見えになられ、美術館で憩いのひとときを過ごされた。また、ボストン美術館館長のヤン・フォンテイン氏に代表される、外国の要人・文化人の方々にも多数お越しいただいた。

昭和53年に来館された北村西望先生（95歳）

当然、こうした背景に地元の人たちの協力が

全康のドキュメンタリー映画を撮影する岡本喜八監督、浅井慎平氏

あることはいうまでもない。元はといえば、美術館のある敷地も駐車場の土地も、その多くは地元の人たちから譲り受けたものである。報恩の思いを募らせるのは、人間としてむしろ当然とさえ思う。

私は昔から結構、ヤリ手だと言われてきたが、そのわりに敵が少ないのは、優しさと欲深さとのバランスが程よく保たれていたからではないかと、この頃ふと考える。名前の響きにあやかって、「善行」への思いをたぎらせるというのも、決してスタンド・プレーを狙っているからではない。この年にもなると、子供だましのような策など無意味だ。気持ちの動くままに行動することしか考えていない。今更、利己的な顕示欲を充したからといって、嬉しがる年でもあるまい。

実は、この本をまとめている最中、私はある大きな手術をした。事が大きくなりすぎても困るので、ごく近しい人たち以外には内密にしていた。だが、水がいつの間にか地中に浸透するように、周辺の人たちの耳にもチラホラと入るようになった。となると、いつまでも隠し通すわけにもいかない。そのことを書いてみたいと思う。

昨年二月上旬、いつものように広瀬町のかかりつけの開業医・河村病院院長に定期検診をしてもらったところ、

「ちょっと気になるところがあるので、明日、心電図とレントゲンを撮ってみましょう」

ということになった。私としては自覚症状は一切なく、別に体調が悪いわけでもなかったので気軽な気持ちでうなずいた。

翌日、病院に行って検査してもらうと、

「肺に影のようなものがあるので、もう少し詳しく精密検査したほうがいい。総合病院に入院されるといいでしょう」

退院の日、執刀の池田貢先生と

との話だった。家のほうでは私の誕生日が近かったので、何か祝い事を考えているようだったが、根がせっかちな私のこと。同じ入院するなら早いほうがいいだろうと、縁起を担いで誕生日の二月八日、国立米子病院に入院することにした。

私自身、九十年の人生のなかで入院は三回目だった。最初は三年前のこと、目薬を差そうと

して仰向けにひっくり返り、その拍子に背骨を傷つけた。二回目は、中耳炎を患ったとき。そして今度というわけである。前の二回は入院というよりも子供のケガみたいなもので、気分的にはこれが初めてといってよかった。

病院では毎日、レントゲン検査やら血沈、血圧の測定など、慎重な検査が一か月近くにわたって行なわれた。よもや、こんなに長くかかるとは思っていなかったが、二人の看護婦さんに、「老いらくの恋」の相手をつとめてもらったので退屈することはなかった。どんな時でも、充実した時間をつくる才が私にはあるらしい。とりわけ、女性にはいつまでも夢を抱ける、特殊な能力があるとみえる。

検査の結果は芳しくなかった。やはり手術をしたほうがよいだろうという結論に達した。病名は家族の説明では、老人性肺結核ということだった。私自身、手術をすることになるとは夢にも考えていなかっただけに、それを聞いたときには正直言って愕然とした。

「いやあ、心配なんかには及びませんよ」

と主治医の池田貢先生はいつも通りの明るい声で、

「足立さんは、不死鳥というニックネームがあるそうですね。となれば、病気のほうがシッポを巻いて退散しますよ」

笑顔をみせながら、軽妙な会話を口にする。朝晩いつも病室に顔を覗かせ、二十分くらい世間話やらワイ談をした。それで気持ちがどれほど和んだことか。

また看護婦さんは看護婦さんで、

「これほど元気な患者さんは見たことないわ。まだ、こんなに色気をもってるんやもの」

と言って、すぐに手を握りたがる私の手を逆に強く握り返し、しきりに勇気づけてくれる。どの看護婦さんも明るくて、仕事熱心なのにはほとほと感心した。入れ替わり立ち替わり、

「具合はどうですか？」

とようすを見に来てくれるのが何よりも嬉しい。その顔はまるで女神のようだった。毎日、看護婦さんのかいがいしい働きぶりを見ているだけで心が和んだ。だが、生まれてこの方、一度も手術らしい手術をしたことがない私は、口や態度こそ平静を装っているものの、内心は不安で仕方なかった。見かけによらず、臆病なのである。

そばにはいつも、長男の嫁が付き添っていてくれるのだが、駆けつけてくれた孫たちの顔を見ると、かえって何となく寂しくなってくる。当館の理事長・畑崎さんにもわざわざ見舞いに来ていただいた。もしかしたら、自分の病気は相当重いのではないだろうか、とついつい疑心暗鬼に駆られる。だいたい、九十歳にもなって肺結核で手術をするというのはどうにも信じ難い。もしかしたら肺ガンではないか、と気がかりでならなかった。

「先生、九十になって肺ガンの手術をしても、はたして体力が持ちますかいな」

「誰も肺ガンとは言ってませんよ」

「いや、ワシにはわかりますねん。それならそれでええんです。それより日本では、八十歳を越えて手術した例があるんですか」

「五、六件はあります」

「それで、先生の自信のほどはどうですかいな」

「もちろん、あります。自信がなければやりませんよ。心配しないで、任せてください」

「そこまで言われたら、先生にすべてお任せしますわ。ひとつやりましょう」

こうして私は先生に全幅の信頼を置き、手術に踏み切ることにした。

いよいよ明日が手術という前日、先生が睡眠薬をもって私の部屋にやってきた。手術の前日ともなれば、緊張のあまり眠れない人が多いので、わざわざ持ってきてくださったのである。だが、私は既に腹を決めていたので、

「先生、睡眠薬はいりませんから、いつもより早目の六時には寝かせてくださらんか」

と度胸の据わったところを見せた。そうしたら逆に先生のほうが緊張して、その晩は睡眠薬のお世話になったという。先生も人の子である。これはあとから聞いた話だが、私の手術を行なうに当たり、隠岐島で開業医をやっている父君に相談したところ、

「九十歳の老人の手術をしても駄目だからやめとけ」

と言われたらしい。それでよけい緊張したのかもしれない。

このあと、孫の隆則が真面目な顔をしてやってきた。

「安心しい、大丈夫やて。占い師さんにみてもろうたら、足立全康という名前は何十万人にひとりという素晴らしい名前やから、長生きすればするほど運が開けてくる、と太鼓判を押してくれたわ。百歳以上は必ず生きる運勢やそうですわ」

こういう時の、気遣いは嬉しいものである。普段は無愛想な顔をしているが、根は優しい性格の子である。彼がまだ子供の頃、私の来客に対して挨拶の一言もなしに立ち去ろうとしたので、カナヅチを持って屋根まで追っかけたことがあった。礼儀を失したその態度が許せなかったからである。そのことだけは、彼もいまだに忘れていないという。美術館館長という要職を立派にこなして欲しいと思う。

その妹で、当美術館の学芸員をやっている説子もやはり、小学校五年生の頃、生徒会の副会長に立候補することがあったので、ちゃんと演説ができるまで何十回も練習させたことがある。オイオイ泣きながらも、最後にはついにマスターした。やれば出来るということを教えたつもりである。

彼女には美術品の買い付けについても、早くから画廊まわりに付いてこさせた。『㈱日美』の事務所で、紙切れに購入希望価格を書かせ、私と服部さんの価格とそれぞれ突き合わせて、徐々に相場感覚を身に付けさせていった。

一般的にみて、子供や孫にはともすれば、肉親がゆえの甘えが出がちだが、私に言わせると、掛けがえのない存在だからこそ、本気で真剣に体当たりすべきだと思う。可愛い子には旅をさせろ、である。愛のムチ、を恐れてはいけない。

隆則が激励の報を届けてくれた翌日、多くの肉親たちに囲まれて、私は手術室に入った。手術は朝八時半から午後の一時半まで、五時間に及んだらしい。麻酔をかけられたので何一つ覚えていないが、二つほど変な夢を見た。ひとつは麻酔もかけずに手術台に上げられ、必死になってそこから逃げ出そうとしている夢である。そのとき、私はすごい力で抵抗したらしく、先生方が何人がかりかで押さえつけたという。とても、九十歳の人の力ではなかったと、あとで聞いた。

もうひとつは、すり鉢状になった深い谷の中を、何十万、何百万枚という無数の木の葉がグルグルと旋回しながら、だんだんと谷底へと吸い込まれていく夢。巨大な竜巻を逆さにしたような、凄まじい力ですべてを呑み込みながら闇のなかに沈んでいく。世にも恐ろしい地獄のような眺めで、私は必死になってそこから逃げ出そうとするのだが、どうすることもできない。旋回の輪が次第に小さくなりながら、加速度を増して、いよいよ地獄の口のような穴に呑み込まれると思ったその瞬間、ハッとして目が覚めた。

「うまくいきましたよ。手術は無事終わりました」

私は全身、汗びっしょりだった。手術室に入っていたことなど、すっかり忘れていた。それよりも、夢の恐怖にまだ心臓がドキドキしていた。助かった、ただそれだけだった。

病室に戻ってから、その夢のことを話したら、久子が、

「それは麻酔のせいじゃないかしら。自然に見る夢と違って、麻酔の効きはじめや、切れるときというのは、気が遠くなるようなボウッとするシーンをよく見るそうやから」

彼女もまた、昔、大病を患ったことがあるので、そういうことが分かるのだろう。いまはすっかり元気になって、私の身の回りのこと一切をやってくれている。話し相手になったり、毎日手料理を振るまってくれたり、と私には過ぎた嫁である。

「もう、あんな夢、二度と見とうないな」

「それは吉祥かも知れませんね。もし、あのまま目が覚めなかったら、それこそ一大事。それだけ生きようとする生命力があるということですよ」

「そうかも知れんなあ。いや、きっとそうや。これからは今まで以上に、一生懸命生きろというお告げだったんや。あの夢は、ワシがどれだけ生きたいと思うちょるか、それを神さんが試したに違いないわ」

私は日に日に元気を取り戻すうちに、われながらよくもそんな大病を克服したものだと思った。それにつれて、九十歳で肺ガンの手術をしたということが、私の大きな精神的支えとなった。

先生の話では、手術は百点満点だったという。肋骨の間から患部がさも取り除いてくださいとばかりに出てきたとか。肺もまるで二十歳代のそれだったたと、嬉しいことを言ってくれるので、ついでにムスコのほうはどうですかいな、と聞くと、それは使ってみればわかるでしょう、とニベもなかった。

それにしても、九十歳にもなってそのような手術をしたものは世界でも例がないという話だった。近く、学会でも手術の経過内容を発表するということは、私は世界記録を出したことになる。何でも大きなことが好きな私には格好の自慢話となり、自信ともなった。何でも良いように考えるのは、楽天家の性癖である。

それにしても、足立家は長命だとつくづく思う。私には一人の姉と二人の妹がいるが、いずれも健在である。

姉のカメはことし九十三歳になるが、耳は遠いものの、いたって元気である。織物の技術に長じ、自分で図案を作って安来絣の暖簾や着物を織っていた。腕前は先生級で、八十を過ぎてもみんなに教えていた。

すぐ下の妹の熊野は、きょうだいのなかでも一番の器量良しで、兄ながら惚れぼれする美人だった。ご飯も彼女によそってもらっただけで、おいしく感じたものである。私より三歳下だが、いまでもその面影をかいまみることができる。

一番下の妹の安子はいま奈良で嫁と孫に囲まれて優雅に暮らしている。昭和四十五年に私の妻が亡くなったときから、ずっと私の身の回りのことを案じてくれたのが彼女である。大阪の『㈱日美』の七階で、黙々と絵の具を混ぜてくれたのが懐かしい。あの頃が一番楽しかった、と妹は今でもおりにふれて、大阪時代を懐かしんでいる。頭の出来が良いところは似ていないが、直情的な性格は私と実によく似ている。

左より妹安子(79歳)、著者(90歳)、妹熊野(87歳)、姉カメ (93歳)

私は、生き運があると思う。手術後の経過はすこぶる順調だ。一か月後の四月三十日には退院した。後遺症みたいなものはまったくない。だから、私の顔を見た人は、

「ほんまに、そんな手術、しはったんですか?」

とまるで信用しない。それはそうだろう。手術しなければならないような状態では、いくら自覚症状がないとはいえ、健康体とは言い難い。何がしかの、病の兆候があっただろう。それが、すっかり病気の根もとが断ち切られたとしたら、それまで以上に元気に見えておかしくない。

「ワシにはもっともっと、やることがあるというこっちゃ。神さんがそのため、寿命を引き伸ばしてくれてるんや」

病気を克服するのも、結局は精神と肉体のバランスがとれているからだと思う。

九十坂越えてますます夢ロマン

この春、肺ガンの手術をする前までは、私は隠居然とした生活を送っていた。ところが思いがけず、九十になって大手術をし、無事これを克服したことによって、再び勇気りんりん、還暦に舞い戻ったような気持ちになった。人間、体力に自信が生まれると、こうも若返るものか、と自分でもいささか驚いている。

それまでは、自身を語るキャッチフレーズを、

『九十坂　越して子供に　仲間入り』

と達観の境地に置いたのだが、まだまだバリバリの壮年だという自信と自覚から、一転して、

『九十坂　越えてますます　夢ロマン』

と強気の語句に改めた。ファイト、ファイトというわけである。

彫刻家の故平櫛田中翁は、

『六十、七十は鼻たれ小僧。男ざかりは百から、百から』

との気概あふれる名文句を遺したが、なるほど現代という長寿社会、人生意気に感じてこそ、生きることの喜びがなお一層深まるように思う。要するに、気は持ちようだという昔からの格言を、けだし名言と、あらためて実感した次第である。

だから、私は、自分のことを年寄り扱いされるのを快しとしない。肉体的には若くないにして

も、頭の回転とかイメージの展開はまだまだ負けないつもりでいる。恍惚の人、ボケ症候群といった、老人特有の黄昏は私には関係ない。その証拠に、私の心のなかは〝夢とロマン〟の熱き血潮であふれんばかりである。

健康の秘訣は、一にも二にも「動く」ことだ。動くとは、身体を動かすという意味ばかりではない。頭を使うという意味も含んでいる。身体が不自由であれば、せいぜい頭脳を活用するといい。画家などをみるとよく分かる。肉体的な衰えを克服し、九十歳を越えてなお目を見張らせる絵を描いている人間がいかに多いことか。

人間は考える葦である、という言葉に偽りはない。

私がいま最も意欲を燃やしている事の一つが、「山陰の鎌倉」と言われ、また軍書に「かなしき山」とも謳われている広瀬町の月山に、富田城を復元することである。月山は標高百九十二メートル。戦国の世、山陰山陽十一州をあまねく掌中におさめ、出雲人のために「虹のごとき気」を吐いたとされる尼子氏の総本城があった山だ。その山頂に重層の天守閣を建て、観光の目玉にして町の活性化をはかりたいというのが私の夢である。

天守閣の内部に、分室としての中・近世美術館を開設すれば、年間五十万人を超える当美術館の観光客が広瀬町に足を延ばしてくれる。同時に、緑豊かな自然を壊さないように周辺に梅の木を植え、梅の名所・広瀬を広くアピールすれば、一石二鳥である。

美術館の背景にもなる天守閣の建設こそ、絶好の史跡活用と思うのだが、城跡は昭和九年に国の史跡に指定されており、築城は無理。文化財保護法上、建造物には厳しい規則があるため、いま史跡解除をお願いしているところである。

富田城跡一帯は現在、県立自然公園にも指定されており、今はわずかに石塁が残るのみで、あたりには枯れ尾花がうち震えている。そのうらぶれた風景を見ると、胸が締めつけられる。

私は幼い頃から広瀬町で育てられたという思いが強いので、その広瀬町民の夢である富田城の復元に、私の余生を捧げたいと考えている。月山の手前の金尾山に松江城を模した出城灯籠を築いたのも、城のある風景がいかに素晴らしいかを、多くの人にその目で知ってもらいたいがためである。

私の二つ目の夢は現代美術館の設立である。鷺の湯温泉から安来の方角に向けて、三百メートルにわたって土地を掘り、人工の湖を作る。その掘った土で湖の中に島を築き、そこに政府要人や世界の文化人をもてなす迎賓館のシルエットが浮御堂のように湖面に揺れ、背景には山陰の名峰大山が横たわっているという図である。

要人や賓客のために、ヘリコプターが離着陸できるようなヘリポートもすぐそばにつくりたい。近い将来、スピードもグンと増した高級ヘリコプターで都市から都市へ、町から町へと移動する時代が来るように思う。また湖のほとりにはホテル「大観」を建てて、来館者が一日、美術館でのんびりできるようにしたいと考えている。

金というのは、いくら持っていても使わない限り意味をなさない。生きた使い方をしてこそ、金の金たる価値も生まれる。だから、よく関係企業の社長などにも、そのことを訴えている。迎賓館とホテル「大観」の建設も、知り合いのあるトップ企業の社長に協力を呼びかけ、「金をいくら持っていてもしょうないやないですか。同じ建てるんなら、世界一と言われるようなものを造りましょう。徳川家康公を祀るために、徳川家が日光東照宮を創建したように、国宝になるようなものを造ろうやないですか」

と夢の実現を説いている。中途半端のろくでなし、という諺もあるように、ありふれたものなら、むしろ何にもやらないほうがよい。企業には、文化に対する意識革命を促したい。それと同時に、この種の企画には税制面でも配慮してほしいものだ。これらはまだまだ構想の段階だが、現存作家の作品を中心にした「現代日本画美術館」を設立し、このあたり一帯を自然と人工の『美の一大宝庫』にするのが、私の念願である。

山陰で一番から、やがて関西で一番になり、続いて日本で一番の美術館になれば、あとは世界しかない。そうなれば世界中の人々の目が足立美術館に注がれることは必定である。

現在の日本では、外国人が来日したら皇居、京都を見るのが一般的なコースになっているが、近い将来、その次には必ず足立美術館を見なければならないようにしたい。私の夢はことごとく、その一点に集中しているのである。

日本は現在、有史以来、未曽有の経済発展を遂げ、国際社会においても極めて重要な立場を占めている。日本の動向がそのまま、世界経済を大きく揺り動かすところまで成長した。それは一面では、民族として誇るべきことだと思うが、手放しで喜んでばかりもおられない。世界各国の日本への評価をみれば明らかである。現実は必ずしも、喜ぶべき状況にはない。

私はむずかしいことはよく分からないが、その原因の一つとして、「文化国家日本」のイメージが、あまりにも弱いからではないかと思う。GNP世界何位とか、経済大国といったことばかりを口にしているから、世界中から白い目で見られるようになるのである。日本には文化施設が少なすぎる。

人間同士の精神交流、文化交流を深めることが、現在の日本にとって焦眉の急だと思う。文化そのものが持っている力をもっと活用すべきだ。

せっかく、日本には世界に冠たる美の伝統があるのだから、こちらから売り込むのが厄介だというなら、せめて向こうからやってくる外国人には日本が優れた文化国家であることを強くアピールすればよいだろう。

足立美術館に是非、立ち寄ってもらいたいというのはもちろん、それに恥じないだけの自信があるからだ。ここには日本文化の代表がある、と自負している。

足立美術館が国際交流のための一翼をにない、国際親善に寄与することができたら、これほど嬉しいことはない。今後は外国人観光客の誘致にも取り組みたい。

話が大きく聞こえるかもしれないが、心の潤沢は何物にも勝る生命の活力だ。国と国との交渉だって、元をただせば、人間と人間との出会いではないか。その人間の心が、潤いのあるものであれば、話すべき方向、内容だって自然に変わってくる。

「文化」というのはそれほどに、強い力を持っている。私の夢が文字通り夢で終わるようだと、日本の前途はいよいよ多難といわなければならない。私は文化行政に熱い想いを寄せている。

話が大きくなりついでに、最近の私の夢を語ってみたい。

それは、美術館からすぐ目と鼻の先の東出雲町・野呂山に、国際会議場を建設しようというものである。当館からだと、車で十分とかからない距離に、この野呂山はある。高さは百数十メートルではないかと思うが、その丘陵地に国内はもとより、世界のそれぞれの分野の学者、文化人などが集まって協議する国際会議場を建設したらどうか、というのが私の提案である。

この種の施設としては、京都の国際会議場があるが、国際交流の進む現代にあって、しかも日本のような先進国では、もっと多様性を持った会議場が必要になると思うのである。新しい時代は、真の世界平和を求めて国際間の調整と文化交流が政府、民間の両レベルで非常に活発化する。その受け入れの場を、最高の適地であるこの山陰にいち早く整備したいわけである。

私がなぜ国際会議場を提唱するかというと、まだわが国に本格的なその種の施設が少ないこと、最近一、二の地でひそかに誘致の策がめぐらされていること、そして何よりも、この出雲の地こそ外国の方々に最も喜んでもらえる諸条件を完備しているからである。

まずその第一は、この地が風光明媚であること。自然の景観に恵まれており、すぐ眼下には大根島の浮かぶ中海と宍道《しんじ》湖が静かに光り輝いている。目線をほんの少し上げると、島根半島の山並み、弓ケ浜半島、そして日本海が雄大に広がっている。晴れた日にはその先に、隠岐島が遠望される。また、野呂山そのものは静寂の丘陵地として、どこまでも自然の気が深い。

第二は、交通の便である。出雲空港と米子空港の二つの空港は、ほぼ等距離にある。ともに一時間前後でやって来られる。羽田からでもジェット機が就航しているので、一時間半で着く。中国横断自動車道、米松（米子・松江間）バイパス等、車でも至極便利だ。

第三は、山陰を代表する観光地、温泉に近いことである。国立公園大山をはじめ、出雲大社・松江城・一畑薬師・美保関・清水寺などの名勝の地が、いずれも一時間内外の地にある。温泉も玉造温泉をはじめ、松江・皆生・鷺の湯温泉と、外国にはない独特の温泉情緒がふんだんにある。心身の保養地としても最適だ。

第四は、人類の墓碑ともいえる広島の奥座敷にあたること。世界で最初に原爆の洗礼を受けたヒロシマの奥座敷として、人類の幸福と世界平和のための会議場にふさわしい。

第五は、日本文化に恵まれている点。手前ごとになるが、近代日本文化の代表として、近代日本画の収集と陶芸館で名高い足立美術館がすぐ近くにある。美術館にはまた、日本美の特質を伝える日本庭園もあり、自然と人工の調和の美が満喫できる。さらに、出雲は古代文化の発祥の地として、日本のルーツとも呼ばれている。弥生時代の銅剣が大量出土し、全国の注目を引く斐川《ひかわ》町の荒神谷《こうじんだに》遺跡をはじめ、特徴ある古代文化遺産の数々、その後の鉄文化の跡も含め、国際的な関心の対象たりうる歴史の地でもある。

以上、ざっと挙げたように東出雲町野呂山は、国際会議場の建設場所としての諸条件を備えているように思う。早急に着手しなければならないのは、米子・出雲の両空港を国際空港にすること。中海に橋を架けること。米松バイパス・中国横断自動車道等の整備。そして世界一の国際会議場および迎賓館を造ることである。

実現にはまだまだ難問が山積みしているが、日本が名実ともに世界の一流国家になろうとしたら、文化行政にもっと目を開く必要がある。いま、各関係者に早期検討と着工を働きかけているところである。

私のこの建設構想は、山陰中央新報にも投書の形で紹介された（昭和六十三年七月二十四日付）。同社の又賀清一社長が庭園のことや今回の会議場の一件について、私の良き相談相手として何かと知恵を授けてくださるのが有り難い。要点だけをピシッと指摘する又賀さんの目はさすがである。人格者として大いに尊敬している。

また夢の実現については、先日澄田信義知事にお目にかかり島根、鳥取、広島の各県知事さんにお集まりいただき、真剣にご討議していただきたいとお願いしてきた。この夢の構想については先頃来館された竹村健一さんも、

「大いに賛成だ、何かお手伝いすることがあれば……」

と言ってくださり、竹村さんの『世相を斬る』で「九十歳の夢」をとり上げていただくことが決まり、私は、いよいよ意を強くしている。

有り難いといえば、島根県知事を三期十二年にわたって務めた恒松制治さんにも、よく電話でいろんな教えを乞うた。学習院の教授をされるほどの知識人であり、私などとはとても話が合わないと思うのだが、

「たまにはゆっくり会って、いろんな話を伺いたいね」

と電話を頂戴したりすると嬉しくて仕方ない。もともとが感激屋だから、今すぐにでも会いたくなる。

昭和六十三年十一月、文化庁より「地域文化功労者」に選ばれた。多年、地域文化の振興に功績のあった個人および団体に対して、その功績を讃えるための顕彰であるということで喜んでいただいた。

この頃、「地方の時代」ということがやかましく言われるが、これからは中央とか地方といった区別はなくなると思う。それぞれの個性化がそのまま、地域地域の発展につながり、独自の文化を生むことになるのではなかろうか。

いま、こうして自伝を書いてきて、つくづく思うことがある。それは、

『人生はすべて出会い』

だということである。人にしても、物にしても、すべてこの出会いの如何が、各人の人間模様をつくっているのではなかろうか。

人間はもともと、我が強い動物なので、何事も自分の能力、努力ですべてを築いたように思いがちだが、出会った人たちの、有形無形の目に見えない力が支えにあってこそ、今の自分があるように思う。その意味では、「生きている」というよりも、「生かされている」といったほうが的確かもしれない。

私がこれまでに出会った人々、あるいは直接に出会わないまでも、何かの縁で結ばれているだろう多くの人々に感謝したい。

仕事の内容が大きくなればなるほど、夢を大きく持てば持つほど、自分一人の力ではどうにもならないことを、否応なく自覚させられる。

感謝の念、その気持ちを持てる人間は強いと思う。一見、それは宗教的な、他力本願の人生観

に感じられるかもしれないが、内実は極めて積極的な人生肯定の姿勢のような気がする。自分以外の人間のことが、何よりも正確に見えている証と思われるからである。

私もこれからは、そうした気持ちを大切にしながら、山中鹿助が信仰した三日月が、

「きょうよりもあした。あしたよりもあさって……」

というふうに次第に丸くなっていくように、腰を低くしながら、蹴つまずかないよう九十路を歩いてゆきたいと思う。

年の功というべきか、慌て者の私もこの頃は、多少は聞く耳を持ち始めた。これまでは人の都合も聞かないで、自分のことばかりしゃべっていた。だから、最近は先ず相手の用件を聞き、続いて時間があるかどうかを確かめて、自分の考えを言うようにしている。遅まきながら、九十の手習いというわけである。

もちろん、そうはいっても私のこと。長年の癖はちょっとやそっとでは直りそうにもない。いつの間にか口角沫《あわ》を飛ばし、夢の実現話に熱中する毎日だ。となれば、人間臭さは消えるべくもないと開き直って、相変わらず〝夢とロマン〟をふところに抱いて、次代への橋渡しを果たしていきたい。幸い、ふところには私の一番の理解者である、丙と丁にまみれたガキ時代の通信簿が多少威張りくさった表情で、いつも私を見守ってくれている。

「男おしん」の気持ちをいつまでも失いたくないものである。

結んで閉じて

人間の記憶というのはいったいどんな構造、仕組みになっているのだろうか。最近は年のせいか、私の記憶力もだいぶあやしくなってきた。数日前の話ならまだしも、ひどいときになると朝聞いたことが午後にはもう薄ぼんやりとして、政治家の答弁ではないが、記憶にございませんと、頼りない返事を繰り返す始末だ。

それでは一事が万事、こんな調子かというと、あにはからんや。浦島太郎のような、はるか遠い昔のことでも、金とか女性、絵といった私の興味ある話となると、いまだに抜群の記憶力を発揮するから不思議だ。あの土地はどこからいくらで買ったとか、美術館の収蔵作品一点一点の構図、色づかいはもとより、購入した時の値段まで、ふと口をついて出る。経理は駄目だが、数字には強いという、昔とったきねづかはまだまだ衰えてはいない。ちょっとした言葉なり、風景がヒントとなって、いもづる式に昔の思い出がよみがえってくる。このたび、自分の本を出版するにあたって、そのことを身をもって知らされた。

本書は、話好きな私の得意ワザをフルに活用するために、テープレコーダーに声を吹き込み、それを書き起こしてもらうという方法を採った。その労をとっていただいたのは、アートコーディネーターの吉本忠則さんである。

本の取材を開始したのは、昭和六十二年の暮れもかなり押し詰まったころだった。子供時代のことから順繰りに時代を追おうということになり、勧められる通り勝手気ままに喋っていった。しかしそもそも気が多い私のこと、ややもすれば話が脇道にそれ、また様々な思いが募ってきて、途中停車したり、脱線することが少なくなかった。そのため話が何度も重複し、まわりの方にもどれほどか難儀をかけた。

しかし、私とすれば、本を出す以上は中途半端なものは出したくない。ましてや自伝ともなると、腰掛け気分というわけにはいかない。何事もやる以上は、目いっぱいやらないと気が収まらないのが私の性分だ。それに何よりも、出来てきた原稿に目を通すたび、それまで忘れていたことがあれやこれやと思い出されてくる。正直いって、どこまで書いても、何か物足りない感じがして、これで良しという気分になかなかなれないというのが本音であった。

最後に私が言いたいことは、『私一人では何も出来なかった』ということである。

苦境に陥った時、手を差しのべてくださった方々、今日まで私についてきてくれた人達、多くの良き出会いがあったればこそ今日の私があり、足立美術館があるとしみじみ思うのである。まさに『資産は人なり』である。

この章まで辿り着いたときはさすがにホッとした。が、いよいよこれで終わりかと思うと別な感慨が込みあげてきて、何となく名残り惜しい。まだまだ書き継いでいたいようでもあり、また一方では、自分の人生でありながら、己自身をちゃんと書き表わすことがいかに難しいかを思い知らされた以上、一刻も早く書き終えたくもあった。

もとよりこの本は、私の目を通した、私だけのものの見方、感じ方にのっとって書かれている。根がそそっかしい私のことゆえ、記憶違いや誤解がまったくないとはいえない。しかし、人の記憶というものは所詮、そういうものだろう。顔立ちが一人ひとり違うように、同じ事柄を前にしても、個人の立場によってそれぞれ記憶が異なることは珍しいことではない。とはいえ、後々まで残る本のことと て、自分の気持ちに忠実に、極力正確を期したつもりではいる。

いよいよ脱稿も真近に迫った十二月三十一日、私より三歳上の文字通り竹馬の友だった足立伊之助さんが亡くなった。まだぬくもりの残る体の脇で言葉も出なかった。

ようやくお世話をしていた家族の方に、おしゃれだった伊之助さんのために化粧をしてやって欲しいと頼んだ。泣けて泣けて仕方がなかった。

年が変わった一月七日、昭和天皇陛下が崩御された。まことに哀痛に絶えない。昭和天皇陛下より三歳上の私が『平成』という時代にどれ程の足跡を残せるか分からないが、ゆっくりと、しかし確かな足どりで一歩ずつ進んでゆきたい。

話の流れや紙面の都合で書き記すことのできなかった恩人、知人の方々にその非礼をお詫びするとともに、この章を借りて日頃のご厚情に深く感謝したい。また、本書のためにご協力いただいた多くの関係者の方々にもお礼を申し述べたい。

最後に、「お客様は神様です」との敬虔な気持ちをもって、足立美術館にお越しいただいた方々に心より御礼を述べ、そろそろこのあたりで『全康さんの一代記』を結んで閉じたいと思う。

あとがき「祖父になり代わって」

足立隆則

本書の著者・足立全康は、平成二年（一九九〇年）十二月十九日に永眠いたしました。享年九十二歳でした。亡くなる寸前まで、〃夢とロマン〃をいだき続け、新たな展示館の開設や国際会議場の誘致に夢を馳せておりました。また、すばらしい美術品や人との出会いを求めて、倦むことがありませんでした。その尽きせぬバイタリティーにはただただ圧倒されるばかりで、まったく根っからの夢追い人であったと、波乱に富んだ生涯がうらやましくも懐かしく偲ばれます。

このごろ、私は本書をひもといては、生前の祖父の言動を思い出すことがしばしばです。そのたびに美術館の運営に携わる者のひとりとして、社会的責任の重大さを痛感せずにはおられません。祖父の存在がいかに大きかったか、身の引き締まる思いがいたします。私にとって本書はいまや、なくてはならぬ座右の書となっています。

思えば、祖父の一生は、「足立美術館の創設」という、その一点に凝縮されていたような気がします。いつの時代にあっても、何ごとも体当たりで挑んだ人でしたが、後年、生地の安来市古川町に美術館をつくりたいと決意してからは、それまでの人生に対する取り組み方が少しずつ変わっていったように思います。人間としての度量、奥行きが広くなり、人と人との心のふれあいを、以前にも増してたいせつに考えるようになりました。とりわけ、社会への還元をはかりたい、と地元の人たちの雇用や社会福祉事業などに理解を示し、物心両面にわたって支援の手を差し伸べてきました。日夜、すぐれた美術品と接するうちに、文化が持つ絆の強さに使命感をたぎらせたのかもしれません。

「ひとりでも多くの人に喜んでもらえるような美術館にしたい」

それは祖父の口癖であり、悲願でした。横山大観に魅せられ、大観美術館と異名をとるような一大コレクションを築き上げたのは、まさに執念以外のなにものでもありません。

祖父が亡くなって以降、大観作品の中でもとりわけ評価の高い、『海山十題』(全二十点)のうち、『乾坤輝く』『霊峰四趣・夏』を入手しました。そして平成十五年春、幻の名画と言われていた『龍躍る』『海潮四題・秋』の二点が六十余年ぶりに見つかり、紆余曲折を経たのち、新たに当館に輿入れしました。この作品の購入をめぐっては、ほんとうに奇跡としか言いようのない、不思議なめぐり合わせがありました。と言いますのは、『龍躍る』発見のニュースは新聞紙上に大きく取り上げられ、それから間もなくオークションにかけられました。「大観美術館」を自負する当館としては、何としても落札したかったのですが、金銭面でまったく太刀打ちできず、悔し涙を流した屈辱的な経緯があったからです。

すっかりしょげ返っていたところ、その『龍躍る』のみならず、もう一点、やはり行方が知れなかった『海潮四題・秋』の二点を一括購入しないか、との思いもかけない話が寄せられたのです。正直、私はわが耳を疑いました。仲立ちをした業者の方の説明によれば、二つの作品を所有されていたコレクターの方が、足立美術館の基本理念に深い理解を示され、当館こそが大観作品の落ち着き先として、最もふさわしいと英断された由、この話を伝え聞いたときは鳥肌が立つような感動を覚えました。

祖父は生前、折りにふれて、「『海山』が出たら目をつぶって買え」と話していましたから、幻の二作品をそろって所蔵できたことはこの上ないよろこびでした。そこであらためて思ったのが、「大観は一生の恋人」と公言してはばからなかった祖父の熱き一念が、今回の話を招き寄せ、結実させたにちがいないということです。

実際、金銭面だけの話でしたら、当館よりも条件のいい提示をしたところが他にもあったからです。そうした状況をもはねのける、美術館としての信望と大観との強い絆がなければ、到底まとまる話ではなかったのです。これで当館にはあわせて八点の『海山十題』作品がそろったことになり、大観コレクションがいちだんと重みを増すことになりました。

この幻の二作品が発見されたのを記念して、「横山大観『海山十題』展」が東京藝術大学大学美術館（平成十六年七月二十七日〜八月二十九日）と、足立美術館（平成十六年九月三日〜九月二十六日）の二会場で開催されました。今後、このような展覧会は二度と開かれないと言われており、それだけに当館の「大展示室」に全二十点が一堂に会したことは、まさに夢のような出来事であり、祖父も感無量の涙を流したにちがいありません。

「庭園日本一の称号」――米国の庭園専門誌が選定

『海山十題』の二作品を購入して間もなく、もう一つ、びっくりするような朗報が飛び込んできました。平成十六年、アメリカの日本庭園専門誌『ジャーナル・オブ・ジャパニーズ・ガーデニング（JOJG）』（日本庭園の情報を世界に紹介する隔月誌。英語圏を中心に三十七カ国で発行）が初めて日本の庭園ランキングを発表、当館の庭を日本一に選定したのです。これは日本、アメリカ、オーストラリアなどの庭園専門家のうち、過去十年に五十カ所以上の日本庭園を訪れた審査員が、全国三百八十九カ所の庭園のなかから、庭そのものの質の高さや建物との調和、利用者への対応など、維持管理から職員一人ひとりのもてなしにいたるまで、あらゆる角度から総合評価した結果、足立美術館の庭園を日本一に選んだというわけです。ちなみに二位は桂離宮でした。

この日本庭園番付は、「日本庭園イコール京都」「名所史跡」といった既成観念にとらわれず、真にすぐれた日本庭園を客観的に評価しよう、と世界で初めて企画されました。日本人だけが投票したのではないところに、逆に大きな意味があると思います。審査員の何人かは、「細部にまで維持管理がされた、造園の大傑作」と最大級の賛辞を惜しみませんでした。

もし祖父がこの話を聞いたらどんなによろこんだことか。私は感慨に胸を熱くしながら、気宇壮大な夢を追い続け、亡くなってからも一つずつ夢を叶えていく、祖父の遺志の迫力に身震いする思いでした。

足立美術館の日本庭園が、桂離宮や二条城、詩仙堂、金閣寺といった、京都の有名寺社を抑えて第一位に選ばれたというニュースは、全国紙に報じられ大きな反響を呼びました。美術館のホームページへのアクセスが目に見えて多くなり、雑誌などに紹介される機会もふえました。祖父がどういう人物で、どうやってそれほどの美術館、日本庭園をつくったのか、ということに大方の興味関心があるようです。

本書を読んでいただいておわかりのように、祖父は美術学校を出たわけでもなければ、庭づくりについて修業を積んだわけでもありません。言うなれば、一介のシロウトに過ぎません。そんな祖父が今日のような美術館、庭園をつくることができたのは、奇跡としか言いようがありません。何ごとも思いこんだら命がけという激しい気性は、誰も真似することができない、神がかり的な嗅覚、直観力を秘めていました。いわば美の本質を見抜く、偉大なるシロウトだったゆえに実現できたのだと思います。

ＪＯＪＧによるランキング発表はその後も続けられ、当館は第一回から本年まで、二十一年連続して一位に選ばれています。

その偉業を称えるかのように、令和六年（二〇二四年）二月、ドキュメンタリー番組「ＮＨＫスペシャル」で、当館の日本庭園が取り上げられました。『驚異の庭園～美を求める　庭師たちの四季～』と題し、当館の日本庭園がなぜ、二十年以上にわたって一位を守り続けているのか、海外ロケを織り交ぜながら、庭師の仕事を一年間にわたって取材、その秘密に迫っています。

私は番組を見ながら、祖父もきっと喜んでいるだろうと思う一方で、「大事なのはこれからだ。足立美術館の魅力をもっと世界にアピールせえ」と叱咤激励する祖父の声が聞こえてくるように思いました。

朗報と言えば、フランスの旅行ガイドブック『Guide Bleu Japon（ギッド・ブルー・ジャポン）』（ブルーガイド）が平成二十年十月一日、十三年ぶりに新装復刊され、足立美術館を最高評価の「三つ星☆☆☆」に選びました。同誌はミシュランと双璧をなし、全国各地の観光地、観光対象施設等を、三つ星（必見）、二つ星（とても面白い）、一つ星（面白い）、星なしで格付しています。そのなかで当館は写真付きで紹介され、「庭園日本一」がだてではないことを実証することができました。

また、同じフランスの『ミシュラン・グリーンガイド・ジャポン』の観光版（ギード・ベール）

でも、山陰地方で唯一、当館の「日本庭園」が最高評価の三つ星に選ばれ、「足立美術館」も二つ星に選ばれました。ギード・ベールは九カ国語で三百二十五種類、百五十万部が発行されるガイドブックで、当初、漏れ聞いた情報では、当館が二つ星に選ばれたとのことでしたが、その後、日本庭園が独自に三つ星に選定されたとわかり、安堵の胸をなでおろしました。というのも、アメリカの日本庭園専門誌に毎年、連続して日本一に選ばれている手前、三つ星以外はありえないというのが、私の正直な気持ちだったからです。

誰でも親しめる安らぎとくつろぎの美術館

足立美術館の庭は現在、来館者を招じ入れる迎賓の庭、雅やかな情趣がただよう苔庭、自然と人工美が織りなす枯山水庭、築山と泉水を配した池庭、横山大観の作品をイメージした白砂青松庭……などから構成されています。一つの敷地内にこれほど多彩、かつ変化に富んだ日本庭園を有している美術館は、世界でも類例がないのではないでしょうか。これらの庭園は祖父が朝な夕な手塩にかけた、いわば情熱と執念の結晶であるといっても過言ではありません。一木一草から白砂の一粒にいたるまで、祖父の熱い息吹がそそがれています。この貴重な財産を守るため、庭師さんはもとより、職員も毎朝、落ち葉拾いや庭の掃き掃除などをおこなっています。

足立美術館は年中無休のため、毎日来館者があります。いつどなたがお越しいただいてもいいように、庭の手入れには万全を期しています。日本画から目を転じたとき、余韻をそこなうような景色が飛び込んできては興ざめです。芸術鑑賞と自然観照が同時に満喫できる美の理想郷、それが美術館の基本的なコンセプトになっています。館内に一歩足を踏み入れただけで、たちまち世俗の塵埃から解放され、安らぎの空間に心が洗われる、それが足立美術館なのです。

平成十六年一月九日、庭園の一角にある祖父の銅像のすぐ脇に、「庭園日本一」の記念碑を建立しました。祖父が指さす先には池庭、枯山水庭があり、その向こうには穏やかな山並みが借景として広がっています。日々刻々、表情を変えていく庭の風情を楽しみながら、祖父はあの世でもきっと自慢の笑顔を大盤振る舞いしていることでしょう。

院展に足立美術館賞を創設、待望の「足立美術館　新館」がオープン

祖父は常々、「江戸期以前の作品に比べて、明治以降の日本画の評価は低すぎる」と語り、足立美術館の名前を世界に知らしめるためには、何よりもコレクションの充実をはかることが肝要だと考えていました。横山大観を中心とする近代日本画の収集とともに、日本美術院の流れを汲む現代作家の優秀作品を網羅し、近代から現代にいたる日本画のすばらしさを、広く世界に発信することを夢見ていたのです。

そうした祖父の遺志を引き継ぎ、創立四十周年にあたる平成二十二年十月二十九日、『足立美術

館　新館』がオープンしました。地元出身の宮廻正明先生をはじめ、日本美術院同人の先生方の代表作や、同展の足立美術館賞受賞作品など、将来性ある現代日本画家の力作を収集・展示することを目的とし、そのこけら落としとして、再興第九十五回院展と横山大観展を、本館と新館にて同時開催いたしました。

新館は地下一階、地上二階建てで、一階には映像ホール（一〇〇席）を併設し、展示解説や講演会、映画上映など、さまざまな企画を実施しています。

話が前後しますが、「足立美術館賞」（受賞作品を買い上げ）は、平成七年から日本美術院に新設されました。これまでに西田俊英、前原満夫、岸野香、井手康人、小田野尚之、吉村誠司、穂苅春雄、宮北千織、倉島重友、村岡貴美男、角島直樹、西田俊英（二度目の受賞）、山田伸、中村譲、山本浩之、大野逸男、吉村誠司（二度目の受賞）、番場三雄、井手康人（二度目の受賞）、国司華子、藁谷実、国司華子（二度目の受賞）、宮北千織（二度目の受賞）、染谷香里、武部雅子、岸野香（二度目の受賞）、井手康人（三度目の受賞）、国司華子（三度目の受賞）、水野淳子の各氏が受賞。このうち西田俊英、吉村誠司、倉島重友、小田野尚之、宮北千織、大野逸男、村岡貴美男、井手康人、前原満夫、中村譲、国司華子、藁谷実、岸野香、番場三雄、山本浩之、山田伸、武部雅子の十七作家が受賞後、同人に推挙されています。

「秋の院展」に続いて、平成十七年からは「春の院展」にも足立美術館賞を設けさせていただくことになりました。同展は秋のそれに比べて、習作展、試作展、小品展の意味合いが強いものの、同人作家にとっては実験的な作品を発表する場として位置づけられています。

春の足立美術館賞は十回を一区切りとして、平成二十六年にいったん終了しましたが、令和二年からあらためて同賞を授与することになりました。

私も審査員の一人として末席を汚していますが、受賞作品はいずれも力作ぞろいで、あらためて院展に参画されている作家のレベルの高さを実感しています。実際、開館して十数年がたったいま、現代日本画に興味関心を抱く人がじょじょに増えてきました。

祖父の遺志を忠実に受け継ぐ

祖父が逝ってから、早いもので三十有余年になります。この間、あっという間に月日が流れていったような気がします。しかし、私の中では祖父はいまも生き続けており、その存在は近年ますます強くなっています。美術館理事長という重職を仰せつかり、祖父が希求してやまなかった「世界の美術館」になるため、いま何が必要か、何をすべきか、自問自答する毎日です。

最近、私が思うのは「美術館は生きている」ということです。話が抽象的に聞こえるかもしれませんが、日本庭園が日々刻々、さまざまな表情をみせるように、展示してある作品もこちらの精神状態、生活環境の変化などにより、いろんな表情をみせるものだということが、実感としてわかるようになってきました。

つまり、庭にしても美術品にしても、ほんとうにすぐれたものは、時空を超えて生きる強い生命力を宿している、そのことがおぼろげながら理解できるようになったのです。

足立美術館の基本理念は、創立者である足立全康の遺志をどこまでも尊重し、継承することにあります。「日本画」と「日本庭園」を二枚看板とし、そのすばらしさを世界に向けて発信するところこそ、私に課せられた使命だと考えています。デジタル化が加速し、ますます多様化する現代にあって、もどかしく見えながらも、じつは人間の根源的なところで結びついている手づくりの美、芸術作品の重みを恒久保存していくことに、私自身、生きる意味と価値を見出したいと考えています。

開館五十周年にあたった令和二年、当館は「北大路魯山人館」をオープン、百二十点の逸品、名品を常設展示しています。これにより、「日本庭園」、「横山大観」、「北大路魯山人」、「現代日本画」の四本柱が勢ぞろいすることになりました。

一時期、世界を震撼とさせたコロナ禍もじょじょに沈静化し、外国人旅行客の足も戻ってきました。コロナ禍以前は東南アジアからの観光客が目立ちましたが、最近はアメリカをはじめ、イギリス、フランス、ドイツ、オーストラリア、カナダなど、欧米豪地域から訪れる人の割合が増加しています。

私は常日頃から、日本人が紡ぎだす「美のエッセンス」は、世界屈指のものがあり、世界の人々を魅了する時代が必ずやってくると強く信じてきましたが、そういう時代が到来しつつあることを実感しています。そしてそれは、祖父の悲願でもあった「世界的美術館」への幕開けのように思えてなりません。

本書の出版を機に、この頁を設け、祖父に対する生前のご厚誼、ご支援を深く感謝するとともに、足立美術館の近況について書き添えることにしました。つたない文章ですが、全康の人となりの一端と、当美術館の姿勢を理解していただければ幸甚に思います。そして当館に一度ならず、何度でも足を運んでいただけますよう、美術館関係者一同、より魅力的な美術館づくりをめざして頑張っていきたいと思っています。

本書は現在、国内のみならず、英訳されて、海外の方にも広く読まれています。それに伴い、足立美術館の知名度も高まってきましたが、これからは当館はもとより、日本文化の奥深さ、素晴らしさを一人でも多くの方に伝えていくことが、私の責務であろうと思っています。

最後になりましたが、出版にあたり、日本経済新聞社及び、日本経済新聞出版社の方々には大変お世話になりました。この場をお借りしまして篤くお礼申し上げます。

みなさまのご来館を心よりお待ちいたしております。

令和六年二月

（足立美術館代表理事兼館長）

足立美術館
庭園と収蔵作品

秋の枯山水庭

春の枯山水庭

冬の枯山水庭

秋の枯山水庭（虹）

春の白砂青松庭

枯山水庭の夕景

春の池庭

冬の池庭

生の額絵・春

生の掛軸

横山大観　無我　明治30年

横山大観　紅葉　昭和6年

横山大観　山に因む十題より

乾坤輝く　昭和15年

雨霽る　昭和15年

龍躍る　昭和15年

霊峰四趣・夏　昭和15年

横山大観　海に因む十題より

曙色　昭和15年

海潮四題・秋　昭和15年

海潮四題・夏　昭和15年

海潮四題・冬　昭和15年

橋本関雪　猿　昭和15年頃

竹内栖鳳　爐邊　昭和10年

川合玉堂　夕月夜
大正2年

榊原紫峰　青梅　大正7年

上村松園　待月　昭和19年

川端龍子　愛染　昭和9年

安田靫彦　王昭君
昭和22年

小林古径　楊貴妃
昭和26年

鏑木清方　紅
昭和3年

伊東深水　夢多き頃　昭和27年

前田青邨　鵜　昭和15年

平山郁夫　祇園精舎　昭和56年

北大路魯山人　雲錦鉢
昭和16年頃

北大路魯山人　銀彩寿紋輪花平鉢
昭和30年頃

北大路魯山人　染つけ古詩花入
昭和14年頃

北大路魯山人　織部竹形花入
昭和26年頃

北大路魯山人　かに平向 六人
昭和34年頃

北大路魯山人　金らむ手津本
昭和20年頃

林義雄　天使のおひるね　平成8年

林義雄　またきてね　昭和60年

林義雄　森番さん　平成9年

武井武雄　読書会　昭和47年

鈴木寿雄　くわるてっと　昭和45年

川上四郎　裏の畑　年代未詳

足立全康《ぜんこう》　略年譜

元号	西暦	満年齢	事項
明治三二年	一八九九年	零歳	二月八日、島根県能義郡飯梨村大字古川三二〇番地（現在の足立美術館所在地）に、父覚市、母トメの長男として生まれる。本名は義元《よしもと》。
明治三八年	一九〇五年	六歳	四月一日、飯梨村尋常小学校に入学。素足にワラジを履いてあぜ道を通う。姉妹はみな成績が良かったが全康だけ出来が悪く、いわば劣等生だった。図画だけは大好きで、たまに絵が教室に貼り出されることがあった。
明治四三年	一九一〇年	一一歳	安来郊外にある雲樹寺の庭園をみて感激、庭づくりへの興味が芽生える。
明治四四年	一九一一年	一二歳	三月二五日、飯梨村尋常小学校を卒業。父から高等科も出るように勧められたが、ただ弁当を持って通うくらいなら働いたほうがいいと、農業を継ぐ。
大正三年	一九一四年	一五歳	この頃、家の農業の仕事を手伝うかたわら、農閑期の一二月から二月末までは梅干し弁当を腰に下げ、一二俵の木炭を積んだ大八車を引く。一一キロの山里を往復、三〇銭の収入を得るが、運搬の稼ぎだけではたいした儲けにはならないので、やがて炭の小売りを始める。これが初めて自分で手がけた商い。商売の妙味を知る。炭を運んだ帰りの便

が空であることに気づき、赤貝を積んで近所の店に卸し、商売にいよいよ興味をもつようになる。何か他に商売になるものはないかと、あれこれ物色し考えるのが大きな楽しみでもあった。

大正四年　一九一五年　一六歳

豪雪のため交通が途絶え、安来の町は寒波で震える。村人に声をかけ、おとな一人に一五銭の日当を払って木炭を二俵ずつ町の問屋まで運ばせる。これが当って、当時のお金でざっと二五〇円を儲ける。いちやく大成金となって、近所でも評判になる。初めて人を使った商売であった。

大正六年　一九一七年　一八歳

祖父の姪にあたる岩田トミエと結婚するが、三ヵ月後に無理やり別れさせられる。仲が良かっただけに、ショックのあまりしばらく放心状態が続く。

大正八年　一九一九年　二〇歳

一二月、松江の歩兵第六三連隊に甲種合格で入隊する。所属は、第三大隊第一〇中隊の第四班。位は二等兵。入隊中は真面目な軍隊生活を送り、在任中に三回精勤賞を貰う。教練をはじめ、掃除、洗濯もきちんとこなし、日曜日には外出もしないで第一〇中隊の各班長のふんどし洗いなどをしたので、みんなから可愛がられる。入隊一年後、待望の二階級特進の上等兵に昇進する。村では初めての上等兵で、この昇進によって、『人間、命をかけて物事をやれば必ず出来る』という自信を得る。

大正一〇年　一九二一年　二二歳

一一月、除隊したあと、数日のうちに叔父を頼って大阪に向かう。

大正一一年　一九二二年　二三歳

炭とタドンを商う卸問屋に初めて奉公にあがる。身を粉にして働き、店の誰よりもタドンを売る。例えば、販売先で女中が火鉢に移すのまで手伝ったりして、商売のコツを自分で見つける。親しい職人からタドンの原料や作り方などを教わり、三ヵ月後には独立し、タドンの製造に本腰を入れる。タドン屋は大成功し、帰郷する。

石井松代と結婚。

『山陰タドン合資会社』を設立。都会と違って思うほどの利益を上げられず、米の仲買いに転じる。仲買いのかたわら、よろず屋の『足立屋』を開業する。

大正一二年　一九二三年　二四歳

八月一〇日、長男の常雄誕生。

商売の規模を広げすぎ、よろず屋の事業に失敗する。これがきっかけで姓名判断をしてもらい、義元から『全康』に名前をあらためる。

再び商品仕入れを目的として大阪に出る。大阪ではバッタ屋と関わりをつけ、倒産した会社や金策に困っているような商店から品物を安く仕入れ、それを田舎の小売店に卸す。大阪と郷里の間を行ったり来たりする。

昭和二年　一九二七年　二八歳

商売が軌道に乗り、米子の一等地に進出。小売りを兼ねた雑貨屋『山陰地方繊維卸商』を始める。屋号は、安売りをモットーにしたので『みきりや』と付ける。商売はいよいよ軌道に乗り、『店じまいの店』

というキャッチフレーズが受けて大繁盛する。

昭和四年　一九二九年　三〇歳
二月一八日、最も敬愛した祖父の清蔵が逝去。

昭和六年　一九三一年　三二歳
九月、祖母のモン、逝去。

昭和八年　一九三三年　三四歳
九月、妻の松代、逝去。

昭和九年　一九三四年　三五歳
大阪に出、繊維卸商を始める。阿波座に念願の店を構える。大阪と米子を行き交う二重生活が始まる。

昭和一四年　一九三九年　四〇歳
政子と再婚。

昭和一五年　一九四〇年　四一歳
九月二八日、母のトメ、逝去。

昭和一八年　一九四三年　四四歳
企業整備により廃業、安来に帰ってくる。能義郡広瀬町にて陸海軍向けに『出雲刀剣㈱』を設立、石州に『たまはがね製鉄会社』設立。

昭和二〇年　一九四五年　四六歳
八月一五日、終戦。
敗戦により出雲刀剣㈱を改編、『㈱大和利器製作所』と改称する。大晦日、兄弟付き合いをしていた大阪の友人が、再び一緒に事業を興そうとやってくる。

昭和二一年　一九四六年　四七歳
上阪し、友人と繊維関係の仕事を始める。一〇月、長男結婚。

昭和二二年　一九四七年　四八歳
『㈱大和利器製作所』を譲渡し、大阪の福島に腰を据える。焼け跡の中を終日、自転車で走り回る毎日が続く。ある日、心斎橋筋の骨董屋

（バラック建て）の店先で、横山大観の『蓬莱山』を見て感激する。これが大観の絵との最初の出会い。都会の雑踏のなかで胸がすうっとするような荘厳な気持ちになり、毎日、何遍も自転車で通ってはその絵をじっと眺めていた。そして『いつか必ず大観の絵を買ってやるぞ！』と決心する。

昭和二四年　一九四九年　五〇歳

初孫の隆則誕生。

一一月、大阪船場にて『丸全繊維㈱』を設立。同時に副業として金融業や外車の販売にも手を染める。

長男一家を呼び寄せ、仕事を手伝わせる。

昭和二五年　一九五〇年　五一歳

孫の説子誕生。

昭和二六年　一九五一年　五二歳

五月、『尼崎自動車工業㈱』を購入する。

昭和二七年　一九五二年　五三歳

大阪で大同生命保険相互会社と共同出資で『新大阪土地㈱』を設立。

昭和三一年　一九五六年　五七歳

上本町六丁目に家を購入し、長男一家と一緒に暮らす。

昭和三二年　一九五七年　五八歳

この頃、大観の『杜鵑（ほととぎす）』を購入、これが最初に手に入れた大観の作品となる。

昭和三三年　一九五八年　五九歳

九月一五日、父の覚市、逝去。

この頃、繊維よりも不動産だとの考えが強くなってくる。発想の転換。

不動産投資を目的とした親睦会『宏友会』と『良友会』をつくる。毎月一回、定期的な会を開き、不動産投資に知恵を絞る。打つ手打つ手が大当たりする。美術品収集にも力を入れる。

昭和三九年　一九六四年　六五歳　『新大阪地所㈱』という会社を設立。東海道新幹線の新大阪駅周辺の土地に目を付け、開発情報をキャッチし、大いに信用と実益を得る。大正区に一〇〇〇坪の土地（倉荷証券付き）を購入、『郵全倉庫㈱』という倉庫業を興す。

昭和四三年　一九六八年　六九歳　五月、美術館開設の希望を安来市長に申し入れる。足立美術館内の庭園造りに着手。大阪芸術大学の中根金作教授をはじめ、熟練の庭師たちと一木一草に心を込める。自然の美と人工の美の調和をはかる。

昭和四五年　一九七〇年　七一歳　一〇月二四日、妻の政子が逝去。
一一月三日、財団法人足立美術館を開館する。

昭和四六年　一九七一年　七二歳　『新大阪地所㈱』を『㈱日美』と商号変更する。素人の手すさびで、絵画の模写を始める。一年半の間に二〇〇点近く描く。

昭和四七年　一九七二年　七三歳　二号館の増築に着手。入館者数がはかばかしくないため、以後一〇年以上思い悩む。人を待ち続けることの辛さをいやというほど味わう。

昭和四八年　一九七三年　七四歳　七月、二号館および貴賓室が完成。

昭和五三年　一九七八年　七九歳
春、チャリティーを目的として、自分の描いたナスビの色紙を美術館のロビーで売り始める。食前、食後、仕事の合間に寝る時間をも惜しんで色紙を描く。
門外不出の幻のコレクションといわれた北沢コレクションから大観の『紅葉』や海山十題の中の『雨霽る』『夏』などを含む十数点が売りに出され、一年半かかって購入する。名実ともに大観美術館と称されるようになる。

昭和五四年　一九七九年　八〇歳
一一月、横山大観の「那智乃瀧」をイメージにした『亀鶴の滝』を開瀑。

昭和五五年　一九八〇年　八一歳
夏、ナスビの色紙一万枚の売上金一千万円を、社会福祉基金として山陰中央新報社に寄贈する。
一一月、開館一〇周年を迎え、関係者より北村西望『案内する足立翁』銅像が贈られる。

昭和五七年　一九八二年　八三歳
一〇月、三笠宮憲仁親王（高円宮）殿下が来館される。

昭和五九年　一九八四年　八五歳
九月一日、『大観特別展示館』が完成する。

昭和六〇年　一九八五年　八六歳
一二月、長男の常雄、逝去。

昭和六一年　一九八六年　八七歳
年間入場者が四〇万人を超える。
一〇月、浩宮(現皇太子)殿下が来館される。

昭和六二年　一九八七年　八八歳　九月、常陸宮同妃両殿下が来館される。

昭和六三年　一九八八年　八九歳　二月八日、肺ガンのため国立米子病院に入院。一カ月後に手術する。
四月二日、『足立美術館陶芸館』が開館。
一一月、六三年度『地域文化功労者』に選ばれ、文部大臣より表彰を受ける。

平成元年　一九八九年　九〇歳　四月、寛仁親王同妃両殿下が来館される。
自叙伝『九十坂越えてますます夢ロマン』を発刊。

平成二年　一九九〇年　九一歳　八月、再発のため入院。
一一月三日、開館二〇周年を迎え、車椅子で横山大観展を観る。病床で念願の年間入館者数五〇万人が間もなくと知り喜ぶ。
一二月一九日永眠。享年九二歳。戒名、積善院全道余慶居士。

平成三年　一九九一年　一月、総理府賞勲局より文化の普及向上に寄与したことに対して銀盃を受ける。

著者紹介

足立全康（あだち・ぜんこう）

一八九九年二月、島根県安来市古川町（現足立美術館所在地）に生まれる。尋常小学校卒業後、家業の農業を手伝う。十五歳で木炭商を手がけたのをはじめ、主に大阪を本拠地として不動産や繊維関係など、様々な事業を興した。かたわら、近代日本画などを収集して昭和四十五年に財団法人足立美術館を設立。平成二年十二月十九日没。享年九十二歳。

庭園日本一　足立美術館をつくった男

二〇〇七年三月十三日　一刷
二〇二四年三月二十一日　七刷

著　者　足立全康

発行者　國分正哉
発　行　株式会社日経ＢＰ
日本経済新聞出版
発　売　株式会社日経ＢＰマーケティング
〒一〇五―八三〇八
東京都港区虎ノ門四―三―一二
印刷・製本　ＴＯＰＰＡＮ株式会社

ISBN 978-4-532-12409-0　Printed in Japan